빌 게이츠의 위대한 선택

기회가 없으면 만들면 된다

빌 게이츠의 위대한 선택

지은이 다니엘 스미스
역　자 김나영
마케팅 The Foundry
펴낸이 김영두
펴낸곳 프로제

초판 발행 2016년 3월 25일

등록번호 제 338-2013-000008호
주　소 부산시 수영구 민락동 184-8 두원빌딩 프로제사업부
전　화 (051)755-3343
팩　스 (051)757-8883

Published by PROJE, Printed in Korea
Copyright © 2016 프로제

이 책의 저작권은 프로제 출판사에 있습니다.
저작권법에 의해 보호를 받는 저작물이므로 무단 전재 및 무단 복제를 엄금합니다.
프로제는 법무법인의 지속적인 자문을 받고 있습니다.

이 책에 대한 의견이 있으시면 아래의 이메일로 알려주십시오.
잘못된 책은 구입하신 곳에서 교환해 드립니다. 정가는 뒤표지에 표시되어 있습니다.
proje@doowonart.com

ISBN 979-11-86220-17-7 (03320)

지금 세상에 내놓지 않으면 영원히 사라질 수 있는 아이디어와 정보를 찾습니다. 프로제는 아이디어의 가공과 정보의 편집에 있어 최고의 디자인기술을 가지고 있습니다. 책으로 펴내고 싶은 원고가 있으시면 메일(proje@doowonart.com)로 보내주십시오. 언제나 적극적으로 여러분의 소중한 경험을 살펴보겠습니다.

HOW TO THINK LIKE BILL GATES

빌게이츠의 위대한 선택

다니엘 스미스 지음 | 김나영 옮김

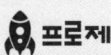
프로제

차 례

들어가며	8
범상치 않은 인생 속의 획기적 사건들	12

- 당신의 뇌를 활성화하라 — 18
- 게이츠의 영웅들 — 23
  - 친구와 롤모델 — 26
- 당신의 진정한 꿈을 찾아라 — 29
  - 소형 컴퓨터 시대의 탄생 — 33
- 내 안의 괴짜 감성을 받아들여라 — 35
- 큰 기회가 올 때 놓치지 말아라 — 40

- 당신과 함께 할 동료를 찾아라 ——— 45
  - 프로필: 폴 앨런 (Paul Allen) ——— 46
  - 프로필: 스티브 발머 (Steve Ballmer) ——— 49
  - 프로필: 찰스 시모니, 테이든 마이어볼드, 카즈히코 니시 – 51

- 최고의 인재를 영입하라 ——— 55
  - 잠은 약골들이나 자는 것이다 ——— 57

- 꿈꾸기를 두려워 하지 말아라 ——— 60
  - 마이크로소프트의 '빅 딜' ——— 64

- 혁신하고, 혁신하고, 또 혁신하라 ——— 68
  - 아이디어를 시험하라 ——— 73

- 게이츠와 지적재산권 ——— 76
- 맨 앞에서 리드하라 ——— 82

- 실수도 교훈으로 삼아라 ——————— 87
  인터넷: 마이크로소프트가 놓칠 뻔한 기술 ——— 89

- 경쟁사를 주시하라 ——————————— 93
  마이크로소프트 대 애플 ———————————— 96

- 비즈니스는 비즈니스다 ——————— 102
  마이크로소프트와 독점 ———————————— 108

- 사람은 섬이 아니라는 것을 직시하라 ——— 114
  프로필: 멜린다 게이츠 ———————————— 118

- 성공에 대한 보상을 누려라 ——————— 123
  세상에서 가장 부유한 사람 ———————————— 128

- 재충전의 시간을 가져라 ——————————— 131

- 게이츠처럼 독서하라 ——————————— 135
  게이츠가 가장 좋아하는 경영 도서 ————— 141

- 무엇이든 함께 나누어라 ——————— 145
- 자선사업을 재정의하며 ——————— 150
  - 빌앤멜린다 게이츠 재단 ——————— 154
- 창조적 자본주의 ——————— 158
- 당신의 유명세를 적극 활용하라 ——————— 161
- 자선사업의 목표: 교육과 평등한 기회 제공 —— 166
- 자선사업의 목표: 질병과의 싸움 ——————— 170
  - 소아마비와의 싸움 ——————— 173
- 게이츠와 신 ——————— 175
- 게이츠의 발자취 ——————— 178

선별된 참고문헌 ——————— 182

들어가며

"그는 머지 않은 미래에 부상할 기술이 무엇일 지 예측할 수 있는 IT 천재였고, 또 그것을 우리에게 팔 수 있는 능력을 가진 마케팅 천재이기도 했다. 이 두 가지 능력을 모두 가진 빌 게이츠는 창업자들 중에서도 극히 희귀하다 할 수 있는 인물이다."
― 데스 디어러브, 1999

빌 게이츠는 많은 사람들에게 여러가지 영감을 준다. 어떤 이들에게 그는 30년 넘도록 각국의 상업을 발전시켜온 프로그램들을 개발한 IT 천재이다. 또 어떤 이들에게 그는 세계를 정복한 한 명의 컴퓨터 매니아다. 그를 비방하는 이들은 40세가 채 되기 전에 세계 제일의 부자가 된 그를 자본주의적 과잉의 아이콘으로 인식한다. 그런데 게이츠는 몇 년 전부터 그들의 기대를 벗어나 현대 사회에 맞게 진화한 방식의 자선 사업을 선보이며 최고의 자선가라는 별명을 얻기도 했다.

게이츠의 특별한 이력은 그의 깊은 내면을 드러내 준다. 유복한 중산층 미국인 부부에게서 태어난 그는 어려서부터 컴퓨터 신동으로 통했다. 프로그램 코드 작성과 사업을 키우는 데 온 힘을 쏟은 결과 1980년대에 들어서며 그가 창업한 회사 '마이크로소프트'는 이미 전 지구에서 가장 성공적인 기업의 반열에 올라 있었다. 빌 게이츠와 함께 IT시대를 대표한 또 다른 거물이 있었으니 그가 바로 게이츠의 라이별이자 친구였던 스티브 잡스였다. 애플을 창업했던 잡스는 컴퓨터 산업에 히피의 반항적인 감성을 접목한 것이 특징이었던 반면, 안경을 썼던 게이츠는 고루하지만 끝없이 성장하는 미국 기업가 정신의 아이콘으로 떠올랐다.

사업가로서의 게이츠는 무자비함으로 명성을 얻었다. 그는 시장이 요구하는 상품을 개발할 능력 뿐 아니라 그것을 파는 능력도 훌륭했다. 그는 라이벌 업체를 무너뜨리는 데 과도하게 골몰한다는 비난을 받았고, 이러한 비난은 수년이 걸린 송사로 이어져 마이크로소프트가 펼치는 사업 정책의 정당성은 계속하여 시험대에 올랐다. 게이츠가 개발한 소프트웨어들은 전세계 PC에 없어서는 안될 필수 프로그램으로서 압도하고 있었기에 타 개발자들은 무력감을 느낄 수 밖에 없었다. 그에 대해 게이츠는 자기 소프트웨어들의 위대한 혁신성이 가져다 주는 이익을 마이크로소프트가 정당하게 가져간 것 뿐이라고 해명했다.

부모님 자택의 침대방에서 사업을 시작한 게이츠는 어느새 용기있는 한 청년에서 많은 사람들이 싫어하기까지 하는 IT 제국의 수장이 되었다. 개인 자산이 여느 국가의 연간 GDP를 넘기는 수준이 되고 보면 아무래도 인간답다는 이야기를 듣기는 힘들 것이다. 빌 게이츠는 스티브 잡스와 같이 대단한 지성을 지녔고 그것을 이용하여 엄청난 부를 쌓았지만 안타깝게도 잡스에게서 우러나오는 카리스마와 마치 팝스타와도 같은 인기는 가지지 못했다.

1990년대에 들어섰을 때 게이츠는 드디어 변화하고 있었다. 밤낮이고 소프트웨어를 정비하는 데 정신을 쏟던 그가 중년이 된 것이다. 그에게 부인과 아이들이 생겼고, 결정적으로 그의 모니터에서 눈을 떼고 세상을 바라보는 여유가 생겼다. 그는 세상의 부조리에 충격받고 분노했다. 좋은 교육을 받고 꽤나 긴 수명을 누리는 인생이 애초에 그가 어느 지역에서 태어나는 가에 대한 그야말로 복권 당첨과 같은 무작위성에 의지한다는 사실은 놀라웠다.

　게이츠는 자기 인생의 몇 십 년 동안 쌓아온 부를 이제 돌려줄 때가 되었다고 생각했다. 그는 천천히 마이크로소프트 운영에 쏟던 자신의 에너지를 자선 사업에 투입하기 시작했다. 그의 자선 사업은 그저 잠시 지나가는 취미가 아니었다. 게이츠 부부는 2000년에 빌앤멜린다게이츠재단(Bill and Melinda Foundation)을 설립하여 현재 세계에서 가장 규모가 큰 기부 단체로 성장시켰다. 그의 재단이 이룬 중요한 업적 중 하나는 바로 다른 자선 단체들이 지금껏 운영해 오던 방식에 큰 혁신을 가져왔다는 점이다.

　게이츠재단이 자본을 발생시키거나 투입하는 방식에 대해서는 모두가 긍정적으로 보는 것은 아니다. 게이츠 자신도 그가 재단을 운영해 오며 미처 이루지 못한 부분이 있다고 인정한 바 있다. 그러나 게이츠재단이 미국 내에서와 세계 각 곳의 개발도상국에 가져온 영향에 대해서는 모두가 인정할 것이다. 현재 몇 년 이내로 소아마비가 사망을 일으키는 질병에서 제외될 것으로 예상되고 있는데 이에 대해 게이츠재단이 매우 큰 공을 세웠다고 할 수 있다.

게이츠는 어느새 자기 자신을 완전히 탈바꿈 시켰다. 1980년대와 1990년대 끝을 모르게 성장하는 서양 자본주의를 대표했던 그는 21세기에 이르러서 자선주의의 선봉에 섰다. 타임매거진(Time)은 빌 게이츠를 20세기에 가장 많은 영향을 끼친 인물 100인 중 한 명으로 선정했다. 게이츠의 유산이 소프트웨어 발전에 미친 성과가 될지 아니면 그가 가져온 자선 산업의 변화가 될 지는 아직 미지수다.

'빌게이츠의 위대한 선택'에서는 빌 게이츠의 성격과 이념에 있어 시사하는 바가 큰 중요점들을 짚어보고 그의 인생 여정에서 받아들였던 중요한 영향들을 조명해 본다. 위대한 인물들은 모두 깊은 속내를 가지고 있다. 빌 게이츠 또한 시대를 바꾼 다른 위인들과 다르지 않게 섬세한 측면이 있다. 게이츠는 천재적인 재능을 가졌고, 비즈니스 경영에 있어서는 호전적이다 못해 무자비하기까지 한 사람이다. 스프레드시트의 기능을 추가하는 방식이든 세계 빈곤을 줄이는 방법이든 게이츠는 문제 해결 그 자체에서 큰 희열을 얻는다. 젊은 날의 그는 사람들의 인정을 받는 일과 자본 증식이라는 목표를 가지고 일했지만 인생 후반기에 들어선 게이츠는 더 이상 부의 증식보다도 그 부를 가장 좋은 방식으로 어떻게 사용할 지에 대해 고민하고 있다. 이 흥미로운 변화는 그가 걸어온 인생 한 장 한 장 속에서 그 발화점들을 찾아 볼 수 있을 것이다.

범상치 않은
인생 속의
획기적 사건들

1955 - 10월 28일, 미국 워싱턴주 시애틀에서 윌리엄 게이츠와 메리 게이츠 부부의 아들, 윌리엄 헨리 게이츠 3세가 태어나다. 그는 가족들로부터 트레이라고 불렸고 그 외 세간에서는 빌이라고 불리게 되었다.

1967 - 빌은 레이크사이드라는 고급 사립학교에 입학한다. (Lakeside: 시애틀 북부 할러레이크(Haller Lake)에 위치)

1968 - 빌은 학교의 컴퓨터 동아리에 가입하여 인생의 첫 프로그램을 쓴다. 이 프로그램은 BASIC 언어로 쓰여졌고 빌은 중앙 컴퓨터와 연결된 텔레타입 터미널을 사용하였다. 게이츠가 후일 마이크로소프트를 공동창립하였던 파트너인 폴 앨런(Paul Allen) 또한 이 동아리의 회원이었다.

1970 - 게이츠와 앨런은 교통량을 감시하는 프로그램 Traf-O-Data를 함께 개발하고 이 제품을 10대만 판매하였으나 한 번에 수천 달러를 벌게 된다.

1972 - 여름방학을 맞아 미국 하원의원의 인턴으로 일한다.

1973 - 대학입학시험을 높은 성적으로 치른 뒤 게이츠는 하버드대학교의 법대 준비 과정에 입학한다. 여기서 스티드 발머(Steve Ballmer)와 친구가 된다.

1974 - 게이츠와 앨런은 여름방학 동안 뉴저지주에 있는 허니웰(Honeywell)에서 일한다.

1975 - 게이츠와 앨런은 알테어8800에 탑재할 BASIC 소프트웨어 패키지를 개발한다. (Altair 8800: MITS사가 개발한 최초의 개인 컴퓨터) 앨런은 뉴멕시코주에 위치한 MITS사에 입사하게 되고 게이츠도 함께 입사하기 위해 하버드대학교를 중퇴한다. 게이츠와 앨런은 마이크로소프트를 공동 창립한다.

1976 - '마이크로소프트'가 법인명으로 공식 등록된다. 게이츠는 컴퓨터 사용자들이 소프트웨어를 복제하여 쓰는 행태를 비난하는 공개 편지를 발표한다.

1977 - 사업상의 의견 충돌로 인하여 게이츠/앨런과 MITS사와의 관계가 멀어진다. 그동안 게이츠는 추후 마이크로소프트가 일본 시장에 진입하도록 도와주게 될 카즈히코 니시(Kazuhiko Nishi)를 소개 받는다.

1978 - 마이크로소프트는 일본 지사를 세운다. 마이크로소프트의 해당 년도 매출이 1백만 달러를 넘긴다.

1979 - 마이크로소프트의 본거지를 게이츠와 앨런의 고향인 시애틀

로 옮긴다.

1980 - 마이크로소프트는 IBM사가 개발중이던 산업용 개인 컴퓨터에 탑재할 운영체제를 개발하기로 한다.

1981 - 마이크로소프트는 주식회사가 되고 빌 게이츠는 그 중 53% 지분을 가져가며 회장과 최고경영자 직책을 맡는다. 당시 애플사의 수장이던 스티브잡스가 게이츠를 찾아와 애플사에서 곧 출시할 맥킨토시 컴퓨터에 탑재할 소프트웨어 개발 건에 대해 논의한다.

1983 - 타임즈는 그해의 기계로 컴퓨터를 꼽는다. 폴 앨런은 호지킨병을 진단받으며 마이크로소프트에서 떠난다.

1985 - 마이크로소프트는 시작적 운영체제인 윈도우를 출시한다.

1986 - 마이크로소프트가 상장되고, 게이츠가 가진 주식은 수백만달러에 평가된다.

1987 - 빌 게이츠는 사상 최연소 억만장자가 된다. 뉴욕에서 열린 한 행사에서 게이츠는 훗날 자신의 부인이 될 멜린다 프렌치를 만난다.

1988 - 애플사는 마이크로소프트가 윈도우 개발 과정에서 자사의 맥킨토시 개발에 쓰인 신기술을 표절했다며 소송을 걸지만 패소한다.

1989 - 게이츠는 디지털 이미지 저장소 코르비스(Corbis)를 구상한다. 마이크로소프트는 문서 작성 프로그램 패키지인 오피스를 출시한다.

1990 - 마이크로소프트는 윈도우 3.0 출시의 영향을 받아 처음으로 연매출 10억 달러를 돌파한다.

1992 - 포브스(Forbes)지는 게이츠를 미국의 제일의 부자로 선정한다.

1993 - 미국 법무부는 마이크로소프트의 사업 독점 혐의에 대해 수사하기 시작한다.

1994 - 게이츠는 멜린다 프렌치와 결혼식을 올리고, 윌리엄 게이츠 재단(William H. Gates Foundation)을 설립한다.

1995 - 마이크로소프트는 윈도우 95를 출시하며 자체 개발한 인터넷 브라우저인 인터넷 익스플로러를 함께 탑재한다. 게이츠는 자신이 쓴 첫 책인 '미래로 가는 길(The Road Ahead)'을 출간한다. 포브스지는 이 해 들어 자산이 130억 달러에 육박한 게이츠를 처음으로 세계의 제일 부자로 선정한다.

1996 - 멜린다 게이츠가 딸 제니퍼를 출산한다. 인터넷 브라우저 업체 넷스케이프는 마이크로소프트가 윈도우와 인터넷익스플로러를 함께 탑재하여 판매한 행위에 대해 조사해 달라며 미 법무부에 고발한다.

1997 - 게이츠와 그의 가족은 레이크 워싱턴(Lake Washington)에 지은 새 저택으로 이주한다.

1998 - 미 법무부가 마이크로소프트사를 공정경쟁 위반 혐의로 기소한다.

1999 - 멜린다 게이츠는 아들 로리를 출산한다. 게이츠는 두 번째 저서 '빌게이츠@생각의 속도(Business @ the Speed of Thought)'를 출간한다. 마이크로소프트의 주가가 사상 최고가를 기록한다.

2000 - 게이츠는 마이크로소프트의 최고경영자직을 내려놓고 그의

오랜 친구인 스티브 발머가 그 자리를 맡는다. 게이츠는 최고소프트웨어설계자 직책을 맡는다. 법원은 마이크로소프트를 두 업체로 나누어 윈도우 운영체제와 그 외 모든 사업을 맡도록 결정하지만 일 년 뒤 이 의견은 번복된다. 윌리엄 게이츠 재단은 새로 설립한 빌앤멜린다 게이츠 재단으로 흡수된다.

2001 - 윈도우 XP와 비디오 게임 콘솔인 Xbox가 출시된다.

2002 - 멜린다 게이츠는 둘째 딸 피비를 출산한다.

2004 - 유럽연합은 마이크로소프트사를 독점금지법 위반으로 조사하기 시작한다.

2005 - 타임지는 빌과 멜린다 게이츠의 자선 사업을 조명하며 부부를 보노와 함께 그 해의 인물들에 선정한다. 빌 게이츠는 영국에서 명예 기사 작위를 받는다.

2006 - 억만장자 투자가인 워렌 버핏은 그의 재산 대부분을 빌앤멜린다 게이츠 재단에 헌납할 것을 약속한다. 마이크로소프트는 2008년에 게이츠가 상근직에서 은퇴할 예정임을 발표한다.

2007 - 마이크로소프트는 윈도우 비스타를 출시한다. 게이츠는 하버드에서 자퇴한 지 32년만에 명예 학위를 수여받는다.

2008 - 유럽연합은 마이크로소프트에 기록적인 벌금 140억 달러를 선고한다. 게이츠는 예정대로 상근직에서 퇴임하고 그의 재단에 더 신경쓰기로 한다. 다보스 세계경제포럼의 한 회의에서 그는 '창의적 자본주의' 개념을 설파한다.

2010 - 게이츠재단은 빈곤국가에서 빈번한 질병들에 대한 백신 연구 개발 및 상품화를 위해 향후 10년간 100억달러를 투입하기로 한다.

2011 - 게이츠재단은 '변기의 재발명' 캠페인을 통해 현재 안전한 위생 시설에 접근할 수 없는 25억명의 인구를 위한 혁신을 도모한다.

2012 - 인도가 소아마비 청정국으로 선언된다. 이는 게이츠의 질병 없는 세상을 위한 비전에 큰 성취이다.

2013 - 게이츠 재단은 빌, 힐러리 앤드 첼시 클린턴 재단과 협력하여 세계의 여성과 소녀들의 실태를 조사한다.

2014 - 게이츠는 마이크로소프트의 회장직에서 퇴임한다. 새로 부임한 최고경영자인 사트야 나델라의 특별고문직을 맡기로 한다. 포브스지는 2010년 이후 다시 한번 게이츠를 세계 부자 1위로 선정한다.

2015 - 더타임즈 신문에서 실시한 설문 조사 결과 게이츠가 세상에서 가장 존경받는 인물로 나타난다.

당신의 뇌를
활성화하라

'삶의 고비를 창조적인 방식으로 대하다 보면
인생이 훨씬 재미있어 집니다.'

— 빌 게이츠, 1998년 자넷 로우 작가와의 인터뷰 중

빌 게이츠의 인생 역정은 개천에서 용난 이야기와는 거리가 멀다. 그는 가난에서 벗어나려 애쓰거나 생활환경에 발이 묶일 일이 없었다. 그럼에도 불구하고 그의 청년기는 개인에게 주어진 혜택을 최대한 활용하라는 좋은 본보기를 보여 준다.

윌리엄 헨리 게이츠 3세는 1955년 10월 28일 워싱턴주 시애틀에서 태어났다. 그의 아버지 윌리엄 게이츠 시니어는 변호사였고 어머니 매리는 교사이자 사업가였으며, 빌은 게이츠 부부의 둘째이자 외아들로 태어났다. 게이츠 가족은 카드 놀이를 즐겨했는데, 그의 별명 '트레이'는 그의 이름 중 숫자 3을 뜻하는 카드 용어에서 비롯되었다.

그의 부모님들은 자신들이 자랐던 방식 대로 게이츠와 남매들에게도 사려깊은 성격에 좋은 교육을 받을 수 있도록 노력했다. 이를테면 빌이 아주 어렸을 때부터 사고력을 확장해 줄 수 있는 놀잇감을 찾도

록 유도했다. 학교를 다니는 평일 밤에는 텔레비전을 보지 못하도록 했고 게이츠도 순순히 따라 주었다. 1986년 인터뷰에서 게이츠는 말했다. "저는 TV를 혐오하는 수준은 아니지만 아무래도 사고력을 기르는 데 도움이 되지는 않는 것 같습니다." 큰 화면만 바라보는 대신 게이츠 가족은 즐거운 대화를 가지거나 게임을 하고 독서를 하며 휴일을 보냈다.

 게이츠의 독서하는 취미는 훗날 여러 번에 걸쳐 큰 영향을 미쳤고, 이에 대해서는 뒤에서 더 자세히 다루기로 한다.('빌 게이츠처럼 독서하라' 부분) 시사 이슈에서부터 문화, 스포츠, 매일의 소소한 일과에까지 어떤 주제로든 가족 간에 대화를 하며 어린 빌은 여러가지 취미를 가지게 되었고 자신의 의견을 분명히 말로 표현할 줄 알게 되었다. 여타의 선구적인 기계광이라고 하면 떠오르는 인상과는 달리 빌은 컴퓨터 화면 뒤에 숨어버리는 내성적인 소년이 아니었다.

 오히려 그는 외향적이면서 동시에 리더십까지 갖춘 편이었다. 아이한테 카드 게임 용어에서 따온 별명을 만들어 주는 가족 답게 게이츠가는 경쟁심을 오히려 독려해 주었다. 한 일화를 예로 들자면 게이츠가는 매년 푸겟 사운드 근교의 후드 캐널이라는 지역에서 휴가를 보냈는데, 근처에서 휴가를 보내고 있는 다른 가족들을 초대하여 마치 작은 올림픽처럼 여러 가지 미니 게임으로 경쟁을 벌이는 것이 백미였다. 빌은 덩치가 큰 편은 아니었지만 용맹하고 뚝심이 있었다. 1998년 자넷 로우 작가와의 인터뷰에서 그는 말했다. "여름마다 우리는 계주, 계란 던지기, 술래잡기 등 여러 경쟁적인 게임들을 하며 놀았어요. 참 즐거운 시간이기도 했고 우리 모두 경쟁심과 성취감을 배웠지요."

게이츠의 어린 시절을 돌이켜 보면 그가 어려서부터 체스나 고 게임과 같은 전략 게임 류에서 특히 두각을 나타낸 것은 놀랄 일이 아니다. 그가 훗날 이룬 놀라운 성과에는 그의 천부적인 논리적 이해력과 기억력이 큰 도움이 되었을 것이다. 한 번은 게이츠가 다니는 교회에서 목사가 산상수훈을 외워오는 이에겐 누구든 상을 주겠다고 선언한 적이 있는데, 게이츠가 역시나 완벽하게 외워와서 선 보인 일이 있다. 목사가 어떻게 외운 건지 묻자 빌은 경쾌하게 대답했다. "저는 하고자 마음 먹은 일은 무엇이든 할 수 있어요."

그의 기억력은 어른이 되어서도 지속되었다. 일례로 그가 고등학교 시절 맡았던 연극 대본을 하나도 잊지 않고 줄줄 읊을 수 있을 정도였다. 게이츠는 컴퓨터 프로그래밍을 할 때 꽤나 긴 코드도 완벽히 외워서 사용할 수 있어 경쟁 우위를 점할 수 있었다.

게이츠의 어린 시절은 우주 탐험이 막 시작하던 시대여서 소년 게이츠는 미래의 기술 발전 가능성을 꿈꾸며 자랐다. 게이츠가 6살이었을 때 시애틀에서 세계 엑스포가 열렸고 그는 그 곳에서 가장 핵심적인 건물인 스페이스 니들 이라는 하늘로 쭉 뻗은 타워 전망대에 올라 보았다. 게이츠는 1960년대 미국의 시대정신처럼 미래엔 무엇이든 가능하다는 믿음을 충실히 따르며 성장했다.

학생이 된 게이츠는 일찍부터 좋은 성적을 보였지만 일반 학교에서는 그의 왕성한 호기심을 충족할 수 없었고, 게이츠가 6학년이 되었을 때 그의 부모님은 그를 레이크사이드 사립학교로 전학시켜 그의 지적 성장을 독려했다. 그는 수학과 과학에 특히 잠재성을 보여 1973년에 치른 대학입학능력평가에서 수학과목을 800점 만점을 받을 정도였다. 하지만 그는 잘하는 과목에만 집중하지 않고 다양한 분야에 흥미를 보였으며, 졸업반이 되었을 때는 연극과 정치학에 특히 관심을 가졌다. 수년 후 그는 스티븐 레비 작가와의 인터뷰에서 그의 학생 시절이 자신의 성장에 중추가 되어 17살에 그의 '소프트웨어적 사고방식'을 갖게 되었다고 밝혔다.

그의 잠재력은 외부에서 볼 때도 빛났다. 미국 내 유수의 아이비 리그 대학들이 그를 입학시키고자 연락을 보내왔는데. 게이츠는 그 중에서 하버드 대학을 선택했다. 하지만 그의 오랜 라이벌 스티브 잡스가 그러했듯 게이츠는 대학 입학 후 많은 수업에 결석했다. 그의 흥미를 끄는 수업에서는 높은 성적을 거두었지만 그렇지 않은 수업에서는 아예 관심조차 보이지 않았다. 하버드에는 컴퓨터실이 구비되어 있어 게이츠는 그곳에서 많은 시간을 보냈다. 개인 프로젝트들을 개발하며 몇날 몇일을 컴퓨터실에서 보내기도 하고 지루해질 때면 몇시간씩 포커 게임을 할 때도 있었다.

게이츠가 자란 환경에서는 살아있는 지성을 존중할 뿐 아니라 적극적으로 권장했다. 게이츠는 똑똑했고 사려깊었으며 세상이 보여주는 자극에 반응하여 더 크게 성장해 나갔다. 그는 일반적인 모범생은 아니었지만 자신의 고유한 지능을 믿었고 다른 아이들과 달리 그의 지능을 세상으로부터 감추려 하지 않았다.

 2000년 신디아 크로센 작가의 책 '부자들과 그들이 부자가 된 방법'에서 게이츠의 다음과 같은 발언을 인용했다. "영리함이란 새로운 사실을 흡수하는 능력입니다. 통찰력 있는 질문을 던지는 능력과 그 해답을 즉시 이해하는 것, 기억할 수 있는 용량, 언뜻 이질적인 것들에서 관계성을 찾아내는 능력입니다." 이것이 바로 그의 신조였다.

> ## 게이츠의
> ## 영웅들
>
> ---
>
> '실제로 프랑스인도 아닌 이 작고 볼품없는 남자가
> 어떻게 나라를 일으켜 유럽의 질서를 새로 만들었을까…
> 참으로 똑똑한 사람이구나.'
>
> — 빌 게이츠의 발언. 인용된 책 '게이츠: 마이크로소프트의 수장은
> 어떻게 산업을 재창조하였는가 - 그리고 미국에서 가장 부자가 되었나'(1993)

    십대 청소년들은 시간이 흘러 잊혀질 지도 모르는 그 시대의 영웅들을 흠모하여 각자 좋아하는 운동선수나 연예인, 영화배우 또는 정치가의 사진을 벽에 붙이곤 한다. 게이츠는 현대의 인물보다 역사 속의 위인들을 존경했다.

    그가 존경했던 위인 중 하나는 중력의 법칙을 발견했던 17세기 자연 과학자 아이작 뉴턴이다. 자신도 수학과 물리를 공부하는 입장에서 게이츠는 오직 그런 천재적 인물들만을 좋아했다. 게이츠는 이태리가 낳은 천재 레오나르도 다빈치도 매우 사랑했다. 다빈치는 르네상스맨이라는 표현을 처음으로 얻게 된 인물로, 유명한 작품인 모나리자를 그렸고 인간의 첫 비행이 성공하기 몇 세기 전에 이미 비행기계의 모형까지 만들어 냈다. 다빈치는 게이츠가 어른이 된 후에도

계속 영감을 주었고 그 결과 많은 돈을 쓰게 되었는데 자세한 이야기는 후에 다루기로 한다.

> **사람들의 리더**
>
> 게이츠의 흥미를 끌었던 위인 중 하나가 그 위대한 프랑스의 장군이자 독재자였던 나폴레옹 보나파르트라는 사실은 꽤나 흥미롭다. 두 사람 모두 체구가 작은 편이고, 냉철한 계산과 대범함으로 세계를 정복했다는 면에서는 비슷하다고 할 수 있다. 그들은 경쟁자의 약점을 빠르게 간파하는 능력을 가졌고, 때로는 거친 리더십을 휘두르는 것으로도 알려져 있다. 그러고 보면 게이츠는 IT 시대의 나폴레옹으로 불릴 수도 있겠다.

게이츠는 살면서 다른 위대한 인물들에 대해 관심을 가지기도 했지만 그의 높은 기준을 만족시키는 인물들은 드물었다. 헨리 포드의 경우에는 사업적인 성공으로 모범이 될 뻔 했지만 그 성공을 오래 유지하지 못해 실망시켰다. 그와 반대로 넬슨 만델라는 극도의 도발 앞에서도 평정을 유지하고 이 세계를 벗어난 듯한 관대함을 보여주었기에 게이츠의 존경을 얻었다. 위대한 인종차별 반대운동가와 소프트웨어 마법사의 관계성은 젊은 시절의 게이츠에게서는 찾기 어렵겠지만, 세계적인 자선가로 활동함하는 지금의 모습을 보면 만델라의 영향을 파악할 수 있다.

젊은 날의 게이츠가 선망했을 만한 인물은 타이거 우즈를 꼽을 수 있겠다. 그는 게이츠가 컴퓨터 산업에 홀연히 나타나 모든 것을 바꿔버렸던 시기와 비슷한 때에 프로 골프 세계에 입문하여 똑같이 모든 것을 바꿔버렸다. 두 인물 모두 아주 젊은 시기에 큰 성공을 거두었고 자신의 분야에 세계의 이목을 집중시켰다.

현대 과학 분야에서 게이츠의 사랑을 받은 인물은 노벨 물리학상을 수상한 리차드 파인만이다. 둘의 만남이 성사된 후 머지 않아 리차드 파인만은 1988년에 사망하여 게이츠에게 충격을 안겼다. 1918년 미국에서 태어난 파인만은 이론물리학자로서 특히 양자컴퓨팅을 포함한 양자역학과 소립자물리학 연구로 유명하며, 양자 전기역학에 관한 연구로 1965년 노벨 물리학상을 공동수상했다. 그는 그가 발견한 이치를 새로운 방식으로 표현하기 위해 노력하여 파인만 다이어그램이라는 시각적 체계를 만들어냈다. 게이츠는 파인만의 연구내용 뿐 아니라 표현방식까지 존경해 마지않았다. 게이츠가 파인만에게서 찾은 매력은 파인만이 제자에게 보냈던 편지 중 다음 구절에서 명료하게 요약될 것이다. "가치있는 문제는 바로 내가 정말 해결할 수 있거나 또는 해결하는 데 실질적인 도움을 줄 수 있는 문제이다. 우리가 정말 조금이라도 해결에 기여할 수 있다면 어떤 문제도 결코 너무 작거나 너무 사소할 수 없다."

친구와 롤모델

세상 누구와도 자신을 비교하지 말라.
다른 사람과 자기를 비교하는 것은 스스로를 모욕하는 것이다. ―빌 게이츠

게이츠가 가장 존경하는 사람은 사실 그의 전공 분야에 종사하는 전문가가 아니다. 워렌 버핏은 자수성가한 동료 억만장자이며 세계 최고 부자 자리를 놓고 게이츠와 어깨를 나란히 한다. 그는 게이츠가 자선사업이라는 모험을 하는 데에도 큰 영향을 미쳤다. 1930년 네브라스카주 오마하에서 태어난 버핏은 현재 버크셔 해서웨이 투자회사의 수장이고 사상 최고의 투자 귀재로 손꼽히는 인물이다. 2015년 약 730억 달러의 자산 평가를 받은 버핏의 부는 오로지 그의 본능적 투자 감각에 의존해 일구어 낸 것이다. '오마하의 신탁'이라는 별명을 가진 워렌 버핏은 1940년대 후반 부터 위대한 투자가 벤자민 그래엄의 투자 철칙을 공부하며 투자에 대한 감각을 쌓았다. 1965년 만 달러의 자산으로 버크셔 해타웨이를 창립하여 2014년에는 5천만 달러의 가치로 불렸다.

게이츠와 버핏은 1991년 게이츠의 어머니 메리가 주최한 한 행사에서 처음 만나 그 즉시 서로에게 영감을 주었다. 2006년 가디언 신문에서 인용한 게이츠의 발언을 싣는다. "버핏은 현상을 아주 깨끗하고 간단하게 바라볼 줄 아는 눈을 가지고 있습니다." 이 둘 모두 유머 감각이 있고, 비슷한 정치 성향을 가졌으며, 입맛까지도 닮아 있

는 사람들이었다. 그들은 보유하고 있는 막대한 부와 화려한 만찬에 빈번히 참석하는 럭서리한 생활과는 별도로, 여전히 값싼 햄버거를 즐겨 먹는다. 두 사람은 근검 절약에도 일가견이 있어서 한번은 함께 중국에 여행을 간 일이 있었는데 그들은 맥도날드에서 식사할 것을 자처하였고, 버핏은 한 술 더 떠 할인쿠폰을 챙겨와 계산하였다고 한다. 버핏이 빌 게이츠에게 끼친 영향은 이 뿐만이 아니었다.

게이츠가 브리지 게임에 진지하게 빠져들 도록 처음 가르쳐 준 사람도 버핏이었다.(그토록 오랜 기간 카드 게임을 즐겨 해 온 게이츠가 전략가의 궁극적 카드 게임이라고 불리우는 브리지 게임을 접해 보지 않았다는 것은 사실 신기한 일이다.) 뿐만 아니라 게이츠는 자신이 사업에 접근하는 방식에 근본적으로 영향을 준 인물로 버핏을 꼽는다. 1998년 산호세 대학에서 그는 연설 중 이렇게 말하였다. "워렌은 다른 어떤 사업가들 보다도 제가 사업에 대해 생각하고 운영하는 방식에 더 많은 영향을 주었습니다." 버핏은 마이크로소프트에 투자한 적이 없는데, 그 이유는 자신이 완전히 이해할 수 있는 분야에만 투자한다는 철칙 때문이었다. 컴퓨터 산업은 그 원칙에 들어맞지 않았다. 그럼에도 불구하고 버핏은 게이츠의 사업 능력에 대해 높이 평가하였다. 1992년 그는 이렇게 말하였다. "저는 게이츠의 기술적 능력에 대해서는 말 할 지식이 없지만 그의 사업적 지혜 만큼은 정말 특별하다고 인정합니다."

후세 사람들은 아마도 버핏이 게이츠의 자선사업에 선사한 금융적 지원과 전략 형성, 그리고 심적 지원 등을 두 사람의 우정이 낳은 가

장 중요한 열매라고 생각할 것이다. 2008년 찰리 로즈 토크쇼에서 게이츠는 이렇게 말했다:

"워렌 버핏은 제가 생각하는 롤모델에 가장 가까운 인물입니다. 그는 자신이 다루는 모든 것에 신실함, 배려심, 기쁨을 가져오죠. 저는 지금도 저의 아버지와 워렌에게서 배울 점을 찾습니다. 제가 결정을 내려야 할 때마다 그들이 이 문제를 어떻게 접근할 지 생각하고 따라 하려 노력합니다."

당신의 진정한 꿈을 찾아라

'저는 운좋게도 어린 나이에 제가 사랑하고 저의 흥미를 끄는 주제를 찾았어요. 그리고 지금도 여전히 흥미롭습니다.'

— 빌 게이츠, 1996년 Industry Week지에서

1986년 월스트리트저널지가 실은 특집 기사에서 하버드생으로서의 빌 게이츠는 수백만명의 다른 학부생들처럼 엄습해 오는 사회 생활의 압박에 고민하는 모습이었다. 게이츠는 그 시절의 자신을 회고하며 말했다. "저는 방에서 우울한 철학가 마냥 앉아 제 인생에서 뭘 해야 할 지 해답을 찾고 있었습니다."

그 시절의 게이츠에겐 바로 앞의 길이 정확히 그려져 있었던 것이 아니니 당연한 일일 것이다. 다른 학부생들은 실제로 그들의 자유로운 대학 생활이 끝나면 기다리는 미래가 불투명했을 테지만 게이츠는 이미 컴퓨터 산업에 방점을 찍을 만반의 준비가 되어 있었다. 그는 이미 어려서부터 수년동안 깨어있는 시간 내내 프로그래밍 실력을 갈고 닦았던 것이다. 그가 처음 컴퓨터에 대해 진지해 졌을 때는

아직 13살 밖에 되지 않았지만 그의 적성에는 꼭 맞았다. 그는 자신의 열정을 쏟아 부을 꿈을 찾아냈고 계속 키워 나갔다.

빌 게이츠와 컴퓨터의 첫 만남은 1968년 레이크사이드 학교에서였는데, 그 모양새가 마치 맞선을 보는 것과도 같았다. 왜냐하면 레이크사이드는 학교 소유의 컴퓨터를 구비하고 있지 못했기 때문이다. 그 시절의 컴퓨터는 한 학교가 소유하기에는 너무나 거대했고 비쌌다. 그 때의 최신 기계였던 메인프레임 대형 컴퓨터를 가지기 위해서는 수백만 달러의 예산과 수만평방미터의 크기의 에어콘이 구비된 공간에 비치하고 적절한 온도를 유지할 수 있어야 했다. 대신 레이크사이드에는 터미널형 텔레타이프 기기가 있어 다른 곳에 있는 메인프레임과 연결시켜 사용할 수 있었다. 레이크사이드는 근처의 다른 여러 학교들과 단체 계약을 맺어 그 메인프레임을 시간당으로 결제하여 사용하고 있었다.

이러한 체계 속의 컴퓨터로는 정말 간단한 작업만이 가능했지만 게이츠의 상상력을 자극시키는 데에는 충분한 경험이었다. 그와 몇몇 학우들이 모여 레이크사이드 프로그래머 동아리를 결성하였고, 머지않아 그는 처음으로 독자적으로 코딩하여 틱택토 게임 프로그램을 만들었다. 나이에 주눅들 리가 없었던 게이츠는 동아리에서 가장 어렸지만 가장 걸출한 인재 중 한명이었다. 그는 텔레타이프를 붙잡고 양보를 하려 하지 않아 결국 동아리에서 퇴출되었는데, 곧 그가 가진 능력이 동아리의 다른 학우들에게는 없다는 것이 드러나자 게이츠를 다시 불러들일 수 밖에 없었다. 게이츠는 돌아오기로 합의했지만, 훗날 협상 자리에서 번번히 했듯이 자신이 원하는 요구 조건을 내걸었다. 그는 퇴출당했을 때보다 더욱 지배적인 입지를 꿰차고 돌아왔다.

그러나 여전히 경제적인 문제가 남아 있었다. 텔레타입 기계를 쓰는 데는 시간당 8달러의 돈이 들었다. 요즘의 인터넷 카페 사용료 보다는 비싸지만 1960년 말의 학생들에게는 더욱 크게 느껴지는 돈이었다. 얼마간은 학부모 모임에게서 비용을 조달했지만 시간이 지날수록 유지하기가 힘들었다. 게다가 빌의 부모님 또한 게이츠를 좋은 학교에 보내기 위해 허리띠를 졸라 맨 생활을 하는 실정이어서 그의 취미에 들어가는 돈을 감당해 줄 수가 없었다. 그래서 게이츠는 자신의 삶에서 반복적으로 보여주었듯 스스로 해결책을 찾기로 했다. 돈이 필요하니, 돈을 벌 직업을 찾았던 것이다.

다행히 좋은 기회가 찾아와서 게이츠는 돈까지 받으면서 연습하던 프로그래밍 기술에 더욱 매진할 수 있게 되었다. 당시 컴퓨터 센터 코퍼레이션("씨큐브")이라는 회사가 시애틀에 설립되었는데 게이츠와 다른 동아리 회원들이 그들을 찾아가 참신한 거래를 제안하였다. 신생 기업이 개발한 프로그램에서 오류를 찾아내는 작업을 하는 대신, 회사에 설치된 메인프레임을 공짜로 쓰게 해 달라는 것이었다. 물론 영업 시간 외에 사용하는 것이라 게이츠와 학우들은 밤 늦게 또는 주말에만 컴퓨터를 쓸 수 있었다. 게이츠의 씨큐브에서의 작업은 콜럼비아 분지 지역의 전기 수요량을 분석하는 프로그램을 개발 중인 한 회사의 귀에 들어갔다. 당시 게이츠가 중학교 3학년인 줄도 모르고 회사는 게이츠와의 전화 상 면접을 거쳐 포틀랜드에서 작업해 줄 것을 요청하였다. 그 곳에서 게이츠는 수석 프로그래머인 존 뉴튼을 만났는데 그는 어린 소년의 재능을 알아보고 격려하기 위해 여러 가지로 작업을 더 많이 시켰다. 사실 게이츠는 그 격려가 그다지 필요하지는 않았다.

  15살이 되었을 무렵 게이츠는 틱택토 게임을 만들었을 때보다 훨씬 더 성장해 있었다. 그는 같은 동아리 회원이자 2년 선배였던 폴 앨런을 만나 전문가로서의 관계를 맺기 시작하여 나중엔 두 사람 모두 세계 부자 상위에 올라 있었다. 하지만 그들의 시작은 검소했다. 그들의 첫 주요 프로젝트는 시애틀의 교통 데이터를 입력하여 교통 관제사들이 사용할 리포트를 도출하는 프로그램을 만드는 일이었다. 그들은 프로그램을 만들어 'Traf-O-Data'라 명명하고 이것으로 약 2만 달러를 벌었다. 그들이 올린 첫 매출보다도 더 중요한 점은 그들이 환산할 수 없는 경험을 쌓았고 두 사람이 한 팀으로서 좋은 파트너라는 사실을 깨달았다는 것이었다.

  Traf-O-Data 프로그램을 개발하면서 게이츠와 앨런은 세 번째 파트너인 폴 길버트를 영입하여 프로그램을 운영할 수 있는 기기를 만드는 작업을 맡겼다. 이 경험으로 두 사람은 소프트웨어 쪽으로 집중하는 것이 좋겠다는 결심을 하게 되었다. 얼마 후 게이츠는 레이크사이드 학교 교사들의 수업 시간표를 자동으로 만드는 프로그램을 개발했다. 그 대가로 게이츠는 학교에서 사용하고 있던 메인프레임을 사용할 수 있는 권한을 더 많이 가질 수 있게 되었다. 게이츠는 자신의 재능을 적절히 이용하여 더 큰 보상과 기회를 얻어내는 데 탁월했다.

어쩌면 게이츠도 하버드 기숙사 방에 앉아 자신의 미래에 대해 많은 고민을 했을지도 모른다. 일례로 우리는 게이츠가 아버지를 따라 변호사가 되거나 아니면 과학자의 길을 걸을 지 생각했다는 것에 대해서 알고 있다. 하지만 그가 결국 어떤 길로 가게 될지는 아마도 명백했을 것이다.

소형 컴퓨터 시대의 탄생

'창문 밖으로 던질 수 없는 컴퓨터는 절대로 믿지 말라.'
— 스티브 워즈니악

1960년대 말에는 컴퓨터를 사용할 때 거의 모두가 메인프레임에 접속하였다. 메인프레임은 정부나 기업이 방대한 양의 정보를 처리할 때 사용하는 물리적으로 거대한 기계였다. 몇몇 애호가들은 집에서 회로판을 덧붙여 정보처리장치를 직접 만들기도 했지만 일반인이 개인적인 용도를 위해 집에 각자 컴퓨터를 소유한다는 것은 먼 훗날의 꿈에 불과했다.

하지만 1970대 초반이 되어 마이크로프로세서가 빠르게 개발되자 새로운 전망이 펼쳐졌다. 이 시기에 캘리포니아의 실리콘밸리(산타클라라 밸리의 별명)에는 근교의 스탠포드대학과 산학협력을 맺은 하이테크 업체들이 대거 모여들고 있었다. 제록스팍 연구개발 허브와 같은 연구센터들은 이후 수십년에 걸쳐 중대한 영향을 미쳤으며 마이크로소프트의 빌 게이츠나 애플의 스티브 잡스도 예외는 아니었다.

1975년은 개인컴퓨터의 폭발적인 성장의 원년이라고 할 수 있다. 이 해 MITS사(Micro Instrumentation and Telemetry Systems)라는 회사가 알테어8800(Altair 8800)을 출시하였다. 인텔사의 1972년 출시작8080 마이크로프로세서를 탑재한 알테어8800은 능숙한 컴퓨터 애호가 수준이면 스스로 조립이 가능한 소형 컴퓨터였다. 439달러라는 가격도 부담스럽지 않았다.(후에 필수 장치들이 더해지면서 가격은 빠르게 상승하게 된다)

알테어8800은 요즘 우리에게 익숙한 개인컴퓨터와는 모습이 많이 다르다. 모니터나 키보드도 없고 기억용량은 고작 64킬로비트였다. 영화를 실시간으로 시청하거나 비디오게임을 즐길 수 있지는 못했지만 PC 혁명의 불씨가 되는 중요한 제품이었다. 이 컴퓨터로 인해 게이츠는 마이크로소프트를 창립하게 되었고 또 다른 한 명의 기계 매니아는 애플 I이라는 새로운 컴퓨터를 만들게 되었다.

세계는 완전한 변화를 앞두고 있었다.

내 안의 괴짜 감성을 받아들여라

'너드(nerd)'라는 말이 밤 늦게까지 몇 시간이고 컴퓨터에 빠질 수 있는 사람을 뜻하는 거라면 나라는 사람에게 해당되는 별명이 맞고, 놀리는 말이라고는 생각하지 않는다. 사실 진짜 너드는 포켓프로텍터를 쓰는데 나는 그렇지는 않으니까!

— 빌 게이츠, 뉴욕타임즈지와 1996년

    게이츠의 대학생 시절과 마이크로소프트 창립 초반의 사진을 보면 그야말로 긱(geek)세상의 실사 모델이 따로 없다. 작은 체구 위에 덮은 흐물흐물한 점퍼에 커다란 안경에다가 헝클어진 머리까지, 학급마다 볼 수 있는 너드 이미지의 전형이었다. 그것도 모자라 게이츠가 학창시절 배웠던 악기마저 멋진 모습과는 거리가 멀었다. 그는 기타나 색소폰 대신 트롬본을 선택했다.

    그가 지구상에서 가장 부자가 된 이후에도 그는 패션에 열정도 특기도 없었다. 1994년 플레이보이지와의 인터뷰에서 그는 말했다:

    "제 인생에서도 어머니께 어떤 색의 셔츠가 어떤 색의 넥타이와 어울리는지 배웠던 시절이 있었어요. 제가 보기에 사람들은 패션에 관한 한 어머니의 조언을 잘 듣는 것 같습니다. 이 분야에서는 제가 어머니보다 더 잘 안다고 말할 수가 없지요. 저는 오늘 어떤 색을 입을지 고민하지 않습니다. 사람들이 제게 패션 센스를 기르기를 원한다면 괜찮습니다. 이제는 패션에 대해 좀 더 잘 아는 것 같은데 그래도 아직 평균 이하인 것 같네요."

어린 날의 게이츠가 외형적으로는 '각' 그 자체였지만 실은 좀 더 복잡했다. 그는 학교에서 유명한 운동 선수였던 것은 아니지만 꽤나 경쟁력 있는 선수였고 남달리 경쟁심도 강했다. 그가 일생의 많은 날들을 키보드를 두드리며 보낸 것은 사실이지만 그의 관심사는 다양했다. 그럼에도 불구하고 그를 학교의 '잘나가는 친구들'에 끼지 못하게 만드는 어떤 면이 있었다.

그가 회의 중에 자리에서 상체를 앞뒤로 왔다갔다 움직이는 모습을 떠올려 보자. 그는 아기였을 때에도 아기는 흔들목마에 앉아 공상을 하곤 했다. 그는 자라면서 흔들목마에서 벗어났지만 어른이 되어서도 그 움직임을 편하게 여겼다.

게이츠는 또 소년시절 뛰어오르는 동작을 매우 좋아했다고 한다. 그는 박스에 들어가 점프하여 나오는 놀이를 즐겨하며 매번 더 멀리 뛰어나오려 노력했다. 보통 아이들이 이런 놀이에 흥미를 잃을 시점을 지나서도 게이츠는 계속하여 점프 연습을 했다고 한다.

게이츠의 자폐증설

예전부터 빌 게이츠가 자폐증을 앓고 있는 것이 아닌지 의심하는 여론이 있었다. 실제로 알려진 근거가 있는 것도 아닌 데다 많은 사람들이 자폐증에서 보이는 몇 가지 증상을 보인다는 점을 감안하면 단순한 주장일 뿐이다. 그럼에도 불구하고 1994년 타임지는 게이츠의 성격 및 평소 행동 양식과 자폐증의 그것을 비교하는 특집 기사를 실은 적이 있다. 그 기사는 게이츠의 특징 중 그가 문제에 매우 논리적으로 접근하는 방식(컴퓨터 프로그래머라면 당연히 순서를 정리하는 일을 즐길 것이다. 하지만 게이츠는 책상이 어지러운 것으로도 유명했다.), 추상적 사고력, 타인과 눈 맞추기를 꺼려하는 점, 그리고 욱하는 성격에 특히 집중했다. 이러한 '원격 진단'은 굉장히 어려울 뿐 아니라 잠재적으로 위험한 일이기도 하지만 게이츠의 '보통 사람과 다른 느낌'을 주는 이유를 보여주기도 한다.

1994년 뉴요커지와의 인터뷰에서 그는 말했다. "이젠 창사 초기나 회의때 처럼 자유롭게 점프를 하지는 않아요." 이렇게 더 이상 자주 점프하지 않는다고 한 그이지만, 언젠가 마이크로소프트의 크리스마스 파티에서 테이블 위에서 점프하기 게임을 한 적이 있다고 한다. 후에 그의 아내가 되었던 멜린다 프렌지는 테이블 위에 불 붙인 초를 올려두는 식으로 게임에 변수를 더했다고 한다.

이러한 일화를 보면 게이츠가 평범한 일상에 얼마나 쉽게 질려할지 예상할 수 있다. 게이츠는 왼손잡이인데(왼손잡이는 창의력과 혁신성이 높다는 연구 사례가 있다.) 마치 수업에 집중력을 잃은 학생처럼 가끔 그저 재미로 오른손으로 메모를 써나갈 때도 있었다.

　게이츠가 다른 사람들과 있는 자리에서 자신감 없는 모습을 보인 적은 없지만 그는 자신을 항상 아웃사이더로 생각했다. 프로그래밍에 입문한 초기, 다른 프로그램의 오류를 찾는 일을 하던 시절 그는 자신을 코더가 아니라 해커라고 여겼다. 1996년 그는 뉴욕타임즈에 기고한 글에 썼다. "내가 10대였을 때는 컴퓨터에 오류가 나도록 망치는 일이 대단한 일이었습니다. 컴퓨터에 대해 더 배울 수 있었기 때문이다." 실제로 언젠가 그는 보안이 걸린 상업용 프로그램을 해킹하려다 발각되어 경찰과 부모님의 감시 아래 몇달이나 컴퓨터를 쓰지 못했던 적도 있다.

　게이츠가 하버드에 있을 때 그의 아웃사이더 감수성은 더욱 높아졌다. 2007년 하버드 졸업식 연설에서 그는 말했다. "저는 반대파의 리더가 되었습니다. 우리는 다른 사람들을 배척하며 그것을 합리화하며 우리끼리 더욱 뭉쳤습니다." 게이츠는 그들과 함께하지 못하면 자신만의 모임을 따로 만들어 그 속의 우두머리가 되기로 하였던 것이다. 그가 컴퓨터 앞에 앉아 있든, 박스 밖으로 점프를 하든 앞뒤로 몸을 흔들 든 그냥 하면 되는 것이었다.

　최근 들어 게이츠에 대한 이미지는 많이 변했다. 수년동안 여러 매체에서 그는 '쿨한' 이미지를 도맡으며 개성과 '다르게 생각하라' 철학을 설파하던 스티브 잡스의 반대급부로 기업 친화적인 극단의 너드로 그려졌다. 하지만 그가 마이크로소프트 일을 그만두고 자선사업가로 재탄생하며 세상은 그를 재평가하기 시작했다. 그는 유명한 다큐멘터리에서 너드의 우두머리라고 불렸던, 지구에서 가장 유명한 컴퓨터 전문가가 더이상 아니었다. 대신 그는 이제 질병, 부조리, 그리고 불평등에 대항하는 슈퍼맨과도 같은 대담한 투사가 되었다. 그리고 이건 전혀 '긱'같지 않았다. '긱'같다고 해도 게이츠는 신경쓰지 않았을 것이다. 2011년 데일리메일지와의 인터뷰에서 그는 말했다.:

"생각해 보세요. 질병에 대항하기 위해 어떤 백신이 어떤 때 효과가 있고 없는지 공부하기 위해 400쪽 짜리 책을 읽는 것을 두려워 하지 않는 것을, 더 배우려고 노력하는 사람들을 놀리려 '긱'이라고 부른다면 저는 완전히 긱입니다. 기쁘게 유죄를 받아드리죠."

큰 기회가 올 때 놓치지 말아라

'우리 회사를 차리자. 한 번 해보자.'
— 1975년 폴 앨런이 빌 게이츠에게

　게이츠는 하버드에 재학 중일 시기에 미래에 대해 어떤 불확실성을 느꼈을 지언정 기회가 찾아왔을 때는 열정으로 맞이했고 한평생 그렇게 했다. 어떤 때는 기회가 찾아와도 더 조심하고 위험성을 따지기도 하며 그는 어린 나이일 때부터 옳은 결정을 내리기 위한 진중한 본능을 가지고 있었다.

　1975년은 폴 앨런과 알테어8800 덕분에 게이츠의 모든 것이 바뀐 해였다. 포퓰러매케닉스라는 잡지에서 이 참신한 기계에 대한 글을 처음 발견한 사람이 앨런이었다. 그는 아직 하버드를 졸업하기 전이었던 게이츠에게 연락해서 이 기계에 탑재할 프로그래밍 언어를 개발하자고 제안했다. 기계 자체로서의 알테어8800은 그저 불이 반짝이는 상자일 뿐이었지만 앨런은 이것으로 훨씬 많은 일을 할 수 있을 거라는 것을 확신하고 있었다. 수년 후 게이츠가 말했듯이 앨런은 그를 찾아와 각자의 재산을 투입해 회사를 만들자고 설득했다. 그들은 이 새 회사에 붙일 이름에 대해 고민했다. 앨런 앤드 게이츠도 후보 중 하나였지만 결국 '마이크로-소프트'로 결정을 내렸다. 소형컴퓨터(microcomputers)에 들어갈 소프트웨어를 만들 회사였기 때문이다. 이름 사이의 '-' 문자는 몇 달 후 없앴다.

막연히 구상만 되어 있는 사업에 이름을 붙이는 것과 그것에 생명을 불어 넣는 것은 매우 큰 차이가 있다. 하지만 게이츠와 앨런에게는 일을 성공시킬 끈기와 대범함이 있었다. 그리고 공포심도 가지고 있었다. 소프트웨어 혁명이 임박했고 그것에서 빠져있고 싶지 않다는 공포심이었다. 지금이 바로 잡아야 할 때였고 한번 놓치면 영원히 돌아오지 않을 기회였다. '모험하지 않으면 얻는것도 없다'는 마음으로 게이츠는 MITS사의 창립자인 에드 로버츠에게 역사적인 연락을 했다.

로버츠에게 그는 그와 앨런이 (그땐 아무도 모르는 인사들이었지만) 알테어8800이 BASIC 언어로 쓰인 프로그램을 돌릴 수 있는 번역 프로그램을 만들었다고 말했다. (BASIC: 1960년 중반에 널리 쓰였던 프로그래밍 언어) 로버츠는 관심을 보였고 6주 후 뉴멕시코주 알버커크에 있는 사무실에서 시연을 해 보기로 하였다. 그의 흥미를 끄는 데는 성공했지만 사실 그들은 MITS에 보여줄 프로그램을 만들지도 않은 상태였다. 하지만 닥치면 하게 되어 있는 법이다.

그들이 직면한 가장 큰 문제는 8800을 가지고 있지도 않고, 구매할 재원도 없었다는 것이다. 하지만 그들에게는 비상한 머리가 있었다. 게이츠는 하버드의 아이켄 컴퓨터센터에서 메인프레임에 접속할 수 있었고 앨런은 포퓰러메캐닉스 잡지에 나와 있는 정보를 가지고 시뮬레이션을 만들었다. 그들은 2월과 3월 대부분을 게이츠의 기숙사 방에 수도승처럼 틀어박혀 작업에 몰두했고, 소프트웨어가 점차 완성이 되어갔다. 굉장한 에너지를 발휘하여 그들은 소프트웨어를 최대한 깔끔하고 간단하고 우아하게 만들기 위해 노력했다. 제임스 월러스와 짐 에릭슨 작가들이 1992년에 출간한 책 '하드 드라이브'에서 인용한 게이츠의 말에 의하면 "그건 내가 쓴 가장 멋있는 프로그램이었다."

앨런이 앨버커크로 가서 시연하기로 당첨되었고, 그는 MITS 수장을 만나러 이동하는 길 중에서도 계속해서 프로그램을 다듬었다. 로버츠는 결과물에 놀라워했지만 그것이 얼마나 빨리 만들어졌는 지는 상상도 하지 못했다. 그는 프로그램 패키지를 개당 3천달러에 인세까지 주는 조건으로 구매하였다. 이 프로그램은 그 다음 6년동안 컴퓨터 산업 전반의 표준 프로그램으로 사용되었고, 게이츠는 마이크로소프트를 이와 같이 산업 표준이 되는 소프트웨어를 만드는 회사로 키워야겠다는 결심을 하게 되었다.

프로그램이 성공을 거두자 앨런은 MITS사에 영입되어 소프트웨어 제작 총괄을 맡게 되었다. 게이츠는 하버드에 휴학계를 내고 앨런과 앨버커크로 와 잠시 계약직으로 일하였다. 계약이 끝난 후 그는 하버드가 있는 매사추세츠주로 돌아왔지만 얼마 지나지 않아 알버커크로 완전히 이주하기로 결정하였다. 1975년 6월 게이츠는 하버드를 중퇴하였다. 게이츠와 앨런은 그 당시 채 자리잡지도 않았던 소프트웨어 산업의 일류 기업을 만들 생각으로 마이크로소프트의 성장에 매진하기로 했다. 그들은 바람이 어느 방향으로 부는 지 느낄 수 있었다. 개인컴퓨터의 시대가 도래하고 있었고, 애플이라는 또 하나의 신생 업체 외에는 자체 소프트웨어를 탑재한 컴퓨터를 만드는 기업이 없었다. 그것은 자신들의 기계에 탑재할 소프트웨어를 필요로 하는 업체들이 많다는 의미였다. 스티브 잡스는 마이크로소프트가 탄생하게 된 배경을 이렇게 설명하였다. "빌은 소프트웨어 업체가 무엇인지 아무도 모르던 때에 소프트웨어 회사를 만들었습니다."

두 창립자는 의논 끝에 게이츠가 사장직을 맡고 앨런이 부사장직을 맡기로 하였다. 이에 더하여 앨런은 MITS에서 따로 월급을 받는 상태였기 때문에 게이츠는 마이크로소프트의 지분을 본인 60 대 앨런 40으로 나누기로 설득하였다. 처음부터 게이츠는 사랑, 전쟁, 그리고 비즈니스 앞에서는 모두가 평등하다는 원칙을 내세웠다.

MITS사에서 거둔 성공으로 마이크로소프트에 새로운 고객들이 줄을 섰다. 게이츠는 회사를 운영하기 위해 끝없이 노력하였다. 그는 코딩 뿐 아니라 회사 전반적인 사무도 보고 새로운 일감을 찾기 위한 영업 활동에도 나섰다. 1977년 MITS와의 관계가 끝나자 마이크로소프트는 IT산업에서 뒤처진 알버커크에 있을 이유가 없어졌다. 게이츠와 앨런은 고향으로 돌아갈 준비가 되어 있었고 1979년 그들은 시애틀의 벨뷰로 회사를 옮겼다. 그 때 직원 수는 13명으로 늘어나 있었다. 그 후 2년이 채 지나지 않아 직원 수는 열배로 늘었다. 1983년에는 500명이었고 게이츠가 상임직에서 물러났던 2008년에는 9만명에 육박했다. 게이츠는 직원 모두의 이름을 외우는 것을 자랑으로 삼았지만 곧 힘든 일이 되었다. 마이크로소프트는 주류가 되어 있었고 게이츠는 더 이상 기회를 잃을까 걱정하지 않아도 되었다.

당신과 함께 할 동료를 찾아라

'나는 교사라기 보다는 학생이다. 그리고 내 직업의 장점 중 하나는 배우는 것을 사랑하는 사람들에게 둘러쌓여 잇다는 것이다.'

— 빌 게이츠, 1995년 작 The Road Ahead 중

게이츠는 스스로도 많은 자원과 의지를 가지고 있지만 일찍이부터 그의 가장 큰 꿈을 이루기 위해서는 비슷한 방향성을 가진 동지들의 필요성을 깨달았다. 그래서 그는 그가 가진 재능을 보완해 줄 수 있는 친구들, 동료들과 가까이 지냈다. 코더로서 아무리 재능이 출중하더라도, 하루가 다르게 변화하는 소프트웨어 산업에서 한 사람의 몸으로 회사를 일구어 나간다는 것은 실패의 지름길이라는 것을 이해하고 있었다. 이 장의 첫머리 인용구에서 처럼 이기는 팀이 되려면 서로 배우는 것을 두려워 하지 않는 선수들이 필요하다. 게이츠는 자신보다 뛰어난 기술을 가진 사람과 일하고 도전받는 것을 두려워 하기 않았다. 게이츠에게 큰 영향을 끼쳤던 네이든 마이어볼드는 1997년 타임지에서 말했다: "빌은 똑똑한 사람들에겐 위협받지 않아요. 오히려 바보들에게 위협받죠."

다음 장에서는 마이크로소프트를 세계 일류 소프트웨어 회사로 함께 성장시킨 폴 앨런부터 시작하여 게이츠의 가장 가까운 동지들을 소개하기로 한다.

프로필: 폴 앨런 (Paul Allen)

게이츠와 앨런은 레이크사이드 동문으로 만나 교통정보 분석 프로그램부터 시작하여 마이크로소프트 공동창업까지 함께하였다. 사람들이 빌과 멜린다에 대해 이야기 하기 전에는 빌과 폴에 대해 이야기하곤 하였다.

1953년 1월 21에 태어난 앨런은 게이츠보다 나이가 많았지만 더 조용한 편이었다. 둘의 우정은 컴퓨터가 세상을 바꿀 것이라는 신념을 바탕으로 했다. 그들이 어울린 지 얼마 되지 않았을 때 앨런은 게이츠에 대해 이렇게 썼다. '게이츠는 아이디어가 가득하고 이상한 데서 재미를 찾는 것을 매우 좋아한다. 우리 둘은 죽이 아주 잘 맞는다.'

두 사람의 우정은 앨런이 레이크사이드를 졸업하고 워싱턴 주립대에 진학한 후에도 지속되었다. 하지만 앨런은 MITS에 입사하기 전 보스톤에 있는 작은 회사에 취업하느라 학교를 중퇴하였다. 1975년 마이크로소프트를 공동창업한 후로 앨런은 회사의 초기 성장기를 함께하다가 1983년 호지킨병을 진단받은 후 퇴임하였다. 그 때 마이크로소프트는 이미 세계에서 규모가 가장 큰 소프트웨어 업체로서 경쟁자가 없었다.

게이츠-앨런 파트너쉽이 잘 작동했던 이유는 둘의 균형이 잘 맞았기 때문이다. 두 사람 모두 매우 재능있는 프로그래머였지만 마이크로소프트 초창기에 게이츠는 사업체를 구성하는 데 집중하고 앨런은 회사의 기술적인 경쟁력을 성장시키며 분업하였다. 게이츠는 이렇게 요약하였다. "저는 좀 더 공격적이고 미친듯이 경쟁하며 회사를 매일 성장시키는 일을 했고 폴은 그러한 우리 회사가 연구개발의 최전선에서 벗어나지 않게 지켰습니다."

앨런이 게이츠와 완벽한 균형을 이룬다고 해서 그들의 우정에 시련이 없었던 것은 아니다. 이것은 두 사람 모두 인정하는 사실이다. 한 예로, 앨런은 일찍이 게이츠와는 체스를 두지 않기로 결심을 했는데, 어쩌다 앨런이 게임판을 이길 낌새가 보이면 게이츠는 기분이 나빠서 체스판의 말을 홱 치워버리곤 했기 때문이다. 앨런이 2012년에 출간한 자서전 '아이디어맨'에서 둘 사이가 안 좋아졌던 때에 대해 더 자세한 설명이 나왔는데, 게이츠가 좋지 않게 비추어질 만한 상황에 대해서는 앨런과 게이츠가 기억하는 내용이 다를 때가 가끔 있었다고 한다.

앨런은 그의 병세로 인하여 마이크로소프트에서 나오게 되자 게이츠가 그의 지분을 낮추려는 시도를 했다고 회고하였다. 책 제목에서도 앨런의 공헌이 공개적으로 크게 인정되지 못했다는 실망감이 드러난다. 그러한 마찰이 있었지만 둘은 언제나 환상적인 팀을 이루었다. 1997년 게이츠는 타임지에 공개했다: '우리는 진정한 파트너였어요. 매일 몇 시간씩 대화했지요. 우리는 아주 가까운 친구고 앞으로도 언제나 변치 않을 것이라고 믿습니다.'

> '지난 14년동안 우리는 많은 부분에서 다른 의견을 내었지. 하지만 어떤 다른 파트너들도 우리만큼 서로의 동의를 이끌어 내지는 못했을 거야.'
> — 1983년 앨런이 마이크로소프트를 떠날 때 게이츠가 보낸 편지 중

마이크로소프트가 1986년 상장되고 얼마 지나지 않아 앨런은 억만장자가 되었고, 2014년 12월 그의 자산 가치는 약 171억달러로 추정된다. 하지만 게이츠와 마찬가지로 앨런은 마이크로소프트를 떠난 뒤에도 멈추지 않고 다른 일을 찾았다. 1986년 그는 벌칸이라는 지주회사를 차려 여러 사업체들을 인수했다. 그는 시애틀 시혹스 미식축구팀, 포틀랜드 트레일블레이저스 농구팀, 그리고 시애틀 사운더스 축구팀의 구단주가 되었다. 그리고 뇌과학과 인공지능 연구소를 설립하여 개인 우주여행 프로그램에 수백만 달러를 투자하였고, 스티븐 스필버그가 차린 드림웍스 스튜디오의 초대 투자자가 되었다.

실제로 그는 언더팅커스라는 밴드에서 락기타를 연주할 정도로 음악을 사랑해서, 폴 매카트니와 믹 재거, 보노와 같은 아티스트들과 즉석 협연도 했다. 그는 전설이 된 음악인들의 소장품, 예를 들면 지미

헨드릭스가 우드스탁 페스티벌 공연에서 사용했던 흰색 스트라토캐스터 기타 등을 비싼 값에 사들여서 박물관을 건립하였다. 그는 건축가 프랭크 게리에게 의뢰하여 건물을 짓고 익스피리언스 뮤직 프로젝트라고 이름을 지었다. 앨런은 또 아메리카 대륙에서 가장 중요한 작품으로 평가받는 미술품도 사들여 개인적으로 수집하기도 했다.

그의 또 다른 취미는 요트이다. 그는 최소한 세 척의 대형 요트를 구매했는데 그 중 하나는 126미터짜리 옥토퍼스호이다. 2003년에 가치가 2천만달러로 평가되었으며 세계에서 가장 큰 요트 중의 하나이다. 약 50명에서 60명 가량의 인원이 탑승할 수 있고, 내부에 영화관과 전문가용 녹음 스튜디오, 농구 코트, 수영장과 8인용 잠수함까지 구비되어 있다. 게이츠와 일했다는 것은 많은 도전도 있었겠지만 이렇게 보상도 엄청났던 것이다.

프로필: 스티브 발머 (Steve Ballmer)

게이츠는 발머를 하버드에서 만나 좋은 친구가 되었다. 발머는 1980년 사업 담당으로 마이크로소프트에 입사하여 여러 사업 부문들을 관리하다 1998년에 사장으로 임명되고 2000년에 게이츠의 후임으로 CEO가 되었다. 그는 2014년까지 최고경영자직을 유지했는데, 그 해 발머의 자산가치는 약 220억 달러였다.

디트로이트가 고향인 발머는 게이츠보다 몇 년 어리고, 그들이 처음 만났을 때는 응용수학도였다. 둘은 모두 기업 경영에 관심이 있어 대학 졸업 후 함께 대학원 경제학 과정에 등록했다. 그들은 수업 내용을 거의 이해하지 못했지만 상업에 관한 모든 것을 공부하겠다는 일념이 엿보인다. 그는 하버드의 대학 미식축구팀의 매니저직도 맡았고 하버드 크림슨 대학신문과 또 다른 문학 잡지에 기고도 하였다. 발머는 게이츠와 앨런과 달리 우등으로 하버드 학부를 졸업하였으나, 이후 진학했던 스탠포드 경영대학원은 끝까지 수료하지 못했다.

1980년 마이크로소프트의 성장세가 너무 빨라 게이츠는 그를 도울 사업 담당자의 필요성을 느꼈고 그 자리에 발머가 꼭 들어맞다고 생각했다. 그리하여 발머는 마이크로소프트의 24번째 직원으로 채용되었다. 머지않아 마이크로소프트에서 발머는 게이츠의 손과 입으로 완벽히 변신하였다. 게이츠가 직원에게 부리는 고약한 성질은 유명했는데, 발머도 그에 못지 않게 강압적이었다. 그는 게이츠와 앨런의 기술적 배경은 없었지만 사업에 대한 일가견이 있었고, 마이크로소프트를 훨씬 높은 수준으로 도약시키는 데 큰 공헌을 하였다.

발머는 기업 경영, 운영체제 개발, 영업지원 등 다방면으로 사업부문을 관리하였고 특히 미국과 유럽시장에 집중하였다. 게이츠가 자신이 낳고 키운 회사를 물려줄 때가 되었을 때 그는 직접 스티브 발머를 선택하였다. 발머는 여느 위대한 창업자들처럼 위험을 감수할 줄 알았고, 마이크로소프트의 성공 비결에도 경영진이 대담한 베팅을 할 줄 알았다는 점을 꼽았다. 하지만 그의 이러한 성격은 CEO로서의 수명을 단축시키기도 했다. 몇 개의 인수건이 연속적으로 기대했던 실적을 보이지 못한 후, 몇십억 달러 규모의 노키아 휴대폰 회사 인수건이 물망에 오르자 이사회는 둘로 갈라졌다. 인수건은 승인을 받았지만 203년 8월 발머는 CEO직을 내려놓게 되었다. 확인되지는 않았지만 발머가 CEO에 오른 후 게이츠와의 관계는 허물어져 이후 서로 대화도 하지 않는다는 소문이 있다. 게이츠는 발머에게 마이크로소프트의 운영권을 물려주며 포브스지에 '스티브는 저의 가장 친구입니다.'라고 말했는데 안타까운 일이다.

하지만 발머는 마이크로소프트 퇴임 후 몇 달 뒤 로스엔젤레스 클리퍼스 농구팀의 구단주가 되며 건재함을 과시하였다. 그는 그 농구팀을 사는 데 20억 달러나 되는 비용을 지불했다고 한다. 과연 앨런의 포틀랜드 트레일블레이저스와 대적할 만한 값이다!

프로필: 찰스 시모니, 테이든 마이어볼드, 카즈히코 니시

마이크로소프트의 게이츠 곁에서 앨런과 발머가 가장 일선에 나선 인물들이기는 했지만 그 외에도 회사를 기술적으로 그리고 상업적으로 확장하는 데 기여한 인재들은 많다. 이 책에 다 담을 수 없을 만큼 많다. 그러나 그 중 다음의 세 사람이 특히 주목을 받을 만 하다.

헝가리에서 온 소프트웨어 설계자인 찰스 시모니가 1968년 미국으로 이주했을 때의 나이는 불과 20살이었다. 그는 전설적 연구소인 제록스 팔로알토 연구센터 (Xerox PARC) 출신으로, 초창기 개인컴퓨터인 제록스 알토를 개발한 것으로 유명한 로버트 멧카프 곁에서 잠시 일한 경력이 있다. 1977년 시모니는 스탠포드 대학에서 컴퓨터 공학으로 박사 학위를 받았고, 4년 후 그는 게이츠에게 마이크로소프트 산하에 신규 창설한 어플리케이션 개발 담당으로 영입되었다. 그 직무는 마이크로소프트에게 장기적인 매출을 담보하게 된 워드, 엑셀, 그 외 오피스 프로그램들의 개발을 총 책임지는 자리였다. 그는 2002년 마이크로소프트를 떠나 인텐셔널 소프트웨어라는 업체를 공동 창업하였다. 그는 사업가이자 유명한 연예인인 마사 스튜어트와의 15년에 걸친 인연으로 매체의 주목을 끌기도 했다. 자산이 수천만 달러에 이를 것으로 추정되는 시모니는 우주에 대한 애정을 발휘하여 국제 우주 정거장에 두 번이나 갔다 왔다. 그 외에도 여러 자선 사업을 일구었다.

게이츠, 앨런과 마찬가지로 네이든 마이어볼드 또한 시애틀 출생이다. 1959년생인 마이어볼드는 UCLA와 스탠포드에서 이론물리학과 수리물리학으로 박사 학위를 받았다. 그는 IT 기업을 창업했고 1986년 마이크로소프트에게 150만 달러에 매각하였다. 그 후 마이어볼드는 13년간 마이크로소프트에서 일하며 최고기술담당자 자리에까지 올랐고 1991년에는 마이크로소프트 연구소를 설립하였다. 그는 마이크로소프트가 1980년대와 1990년대에 내놓은 여러 가지 혁신 프로젝트에 관여하였다. 그는 마이크로소프트에서 퇴임한 후 지적 재산권을 전문적으로 다루는 인텔렉추얼 벤처스를 창립하였고, 세계 바베큐 챔피언쉽에서 우승하였으며, 음식에 과학적, 기술적 접근 방식을 접목한 조리 방식을 연구한 책 모더니스트 퀴진을 집필하였다. 2010년 그의 개인 자산은 6억 5천만 달러로 평가되었다.

카즈히코 니시는 1956년 일본 고베에서 태어나 1977년 아스키 코퍼레이션을 창립하여 인기 있는 컴퓨터 잡지를 창간하였고 소프트웨어 개발을 하였다. 살짝 통통한 몸매의 공학도였던 니시는 1978년 22살 때 동갑내기인 게이츠를 만났다. 별명이 케이였던 니시는 극동 지역에서 마이크로소프트의 사업 확장을 담당하였고, 일본 회사인 NEC와의 거래를 성사시키며 비즈니스를 성공적으로 안착시켰다. 그는 마이크로소프트와 인텔의 제휴에도 기여하였다. 게이츠는 그 때를 이렇게 회고하였다. "그 날 밤 꼭 해야 해! 해야 해! 라며 일어나 외쳤던 첫 사람이 케이였다. 케이는 자신만만한 성격이고 무엇인가에 신념을 가지면 아주 확고하게 믿는 편이다. 그가 일어나 설득을 하였고 우리는 모두 '그래, 하자!'라고 외쳤다."

그러나 1986년 결국 케이의 예측 불가능한 성격은 그와 게이츠 사이의 거리를 멀어지게 만들었다. 회의 중에 조는 것부터 시작해서 회사 임원의 먹살을 잡거나 게이츠가 직접 지시한 결재 건을 자신이 번복하는 등의 일들이 있었다. 마이크로소프트가 상장되기 직전 게이츠는 케이를 회사에 상근직으로 초빙하여 그들의 파트너십을 재정립하고자 했으나 케이는 거절하였고 그 결과는 험악한 이별이었다. 당시 게이츠는 월스트리트저널에 이야기 하였다. "그 사람은 인생을 막 살아요. 그는 수십억 달러를 빚지고 있고 저는 몇 백만 달러의 자산이 있지요. 서로 감정이 안좋아 질 불씨가 있을 수 밖에 없었어요."

> ## 최고의 인재를
> ## 영입하라
>
> ---
>
> '우리는 항상 똑똑한 사람만 채용하기 때문에
> 당신은 다른 똑똑한 사람들과 일하는 것에 편안함을 느껴야만 합니다.'
>
> — 빌 게이츠, 1998년

게이츠가 개인적으로 자신의 비전을 공유하고 자신이 가지지 못한 장점들을 가진 사람들을 모아 자신만의 모임을 만들고자 했던 것과 같은 맥락에서 그는 마이크로소프트 또한 공통된 목표를 가진 재능있는 인재들을 불러 모으고자 하였다. 그는 1998년 산호세 대학 졸업식 연설에서 말하였다. "우리는 제품과 기술에 열정을 가지고 그것이 대단한 일을 할 수 있다는 것을 진실로 믿는 사람들을 좋아합니다."

마이크로소프트에 입사하는 사람들은 정말 쉬지 않고 일해야 한다는 것을 미리 알고 있었다. 많은 직원들에게 주 80시간의 노동은 특별한 것이 아니었다. 다니엘 익비아와 수잔 네퍼 작가의 1992년작 The Making of Microsoft에서 그는 이렇게 인용되었다. "당신이 열심히 일하고, 격렬하게 최선을 다 할 마음이 없다면 여기는 당신이 일할 곳이 아닙니다."

게이츠는 마이크로소프트가 항상 좋은 제품을 만들어 내야 한다는 마음을 가지고 직원들에게 끝없이 요구하였다. 1997년 포브스지는 게이츠의 말을 이렇게 인용하였다. "마이크로소프트는 대단한 소프트웨어들을 만들어 내기 위해 세워졌습니다. 우리는 다른 것을 잘하라고 만든 회사가 아닙니다." 게으름 피우는 직원도 있긴 했지만 성과를 내는 직원들에게는 충분한 보상을 내렸다. 큰 금전적 보상을 받을 수도 있었고, 제품 개발에 있어 자신의 목소리도 내게 될 수 있었다. 게이츠는 1999년의 저서 '게이츠@생각의 속도'에 이렇게 썼다. "똑똑한 사람들에게 그들의 회사 내 직위가 무엇이든 간에 스스로 우선순위라고 판단되는 업무를 시작할 수 있는 권한을 줘야 합니다."

2003년 게이츠는 스미스소니언 역사박물관과의 인터뷰에서 채용에 대한 그의 독특한 통찰력을 드러내었다:

'우리는 사람들을 졸업하자마자 바로 데려오는 데 집중합니다. 경력자 중에 주요한 일을 한 인재로는 찰스 시모니 등이 있어요. 하지만 우리 개발자들의 대부분은 다른 접근 방식에 익숙해지지 않은 깨끗한 백지 상태로 데려와서 우리가 선호하는 소프트웨어 개발 방식을 배우게 하고 우리가 중요하게 생각하는 사고 방식을 가지도록 합니다.'

게이츠는 항상 회사가 초창기에 거둔 성공 방식을 되풀이하려고 애썼다. 긍정적이고 젊은 에너지를 가지고 최신 기술의 잠재력을 꿰

뚫는 눈을 가진 인재들을 모으는 것이다. 작업이 뒤처지는 직원에게 이것은 무서운 말이기도 하다. 산업 평균으로 보면 마이크로소프트는 꽤 높은 직원 유지 비율을 보이지만 매년 실적이 하위 5%에 드는 직원은 도태시킨다는 업계 소문이 오랫동안 회자되었다. 게이츠는 1996년 뉴욕타임즈에 기고한 글에 이렇게 썼다. "성과에 보상하는 정책의 반대편에는 기여를 제대로 하지 못하는 직원들을 주의깊게 관리하고 재배치하는 정책이 있습니다."

잠은 약골들이나 자는 것이다

'우리는 24시간 시계에 맞춰 생활하지 않았습니다.
우리는 한번 자리에 앉으면 이틀 연속으로 코딩을 했습니다.'
— 빌 게이츠, 1996년 다큐멘터리 'Triumph of the Nerds' 중

마이크로소프트 직원으로서의 삶은 결코 쉽지 않았지만 게이츠는 그가 스스로 할 수 없는 일을 직원들에게 요구하지는 않았다. 일에 대한 게이츠의 근면함은 경이롭기까지 하였다. 정기적으로 그는 말 그대로 쓰러질 때까지 일하고는 했다. 마이크로소프트 초창기에는 전설로 남을 코딩 이어하기 마라톤 대회를 자주 열었다. 피자를 수십박스 쌓아놓고 먹고, 정신을 차리기위해 뉴멕시코주의 고속도로를 한 바퀴씩 달리기도 했다. 위의 인용구 뒤에 나오는 게이츠의 말

은 이렇다. "그 때는 저를 포함해서 4명이나 5명 밖에 없었어요. 우리와 우리 친구들이었지요. 그 때는 참 재미있었어요." 제품 개발에 참여하느라 고위 직원들도 고객과의 회의에서 졸기 일쑤였다. 내부 회의에서 게이츠는 바닥에 기대서 아이디어를 짜는 일이 잦았는데, 결국 그렇게 낮잠에 빠지는 일도 많았다.

게이츠에게 잠이란 약골에게나 어울리는 하찮은 일이었다. 1997년 그가 뉴욕타임즈에 기고한 글에서 그는 하루에 세네시간만 자는 사람들은 그 동안 일하고 배우고 놀 시간이 더 많았을테니 참 부럽다고 썼다. 게이츠의 휴식에 대한 생각은 남달랐다. 의학계에서는 신체적, 정신적, 정서적 건강과 발전을 위해서는 수면이 필수적이라고 주장하는 데 반해 게이츠는 건설적인 일을 할 수 있는 시간을 빼앗는 것으로 여겼다. 게이츠는 공식적으로 1978년부터 1984년 동안 15일의 연차를 썼다고 알려져 있다.

그렇지만 마이크로소프트는 1980년대와 90년대에 직원들에게 직장에서의 여가를 즐길 수 있도록 배려하는 분위기에 앞장서고 있었다. 직원들이 가끔 머리를 식힐 수 있도록 배려하면 업무 만족도와 집중도를 더욱 높일 수 있다는 생각에 게이츠는 시애틀 근교의 레드몬드에 마치 대학교 캠퍼스를 꼭 닮은 본사 사옥을 지었다. 그 곳에는 미식축구장, 농구장, 육상 경기장 등 야외 스포츠 시설이 구비되어 있었고 보통의 사내 식당보다 훨씬 늦게까지 음식을 제공하는 식당도 두었다. 그리고 초창기 직원 수가 너무 많아지기 전까지는 게이츠가 어린 시절 휴가를 보냈을 때 처럼 매년 여름마다 미니게임 토너먼트를 주최하기도 했다.

    레드몬드 캠퍼스는 일반인이 직장 생활 중 마주하게 되는 보통의 사무실과는 전혀 달랐다. 그렇지만 직원들이 캐주얼 차림에 농구 골을 넣고 있는 장면을 보았다고 해서 마이크로소프트에서는 마음껏 쉴 수 있는 곳이라고 생각하면 안될 일이었다.

꿈꾸기를
두려워 하지 말아라

'초창기 우리의 사훈은 모든 책상과 모든 집에
컴퓨터가 있도록 만들자는 것이었다.'
— 빌 게이츠, 1997년

    2008년 PC 매거진과의 인터뷰에서 빌은 말했다. "저는 어렸을 때 정말 여러가지 꿈을 가지고 있었습니다." 게이츠는 자신의 상상력에 제동을 걸지 않았기에 아마도 1970년 소프트웨어 산업이라는 것이 존재하지 않았던 때에도 회사를 세울 수 있었을 것이다. 게이츠에게는 미지에 대한 두려움 때문에 야망을 접는 일이 결코 없었다. 그와 앨런이 처음 회사 이름을 고민할 때 후보로 거론되었던 것 중 하나가 언리미티드 였다는 사실만 보아도 알 수 있다.

    '다르게 생각하라(Think Different)'는 원래 애플의 캐치프레이즈였지만 마이크로소프트의 게이츠에게도 의미 있는 문구였다. 게이츠는 산호세 대학 연설에서 청중들에게 말했다. '우리의 비즈니스 전략은 처음부터 기존의 다른 컴퓨터 회사들과는 아주 달랐습니다. 우리는 대량 판매가 가능한 소프트웨어만을 만들기로 결심했습니다. 하드웨어도 아니고 칩도 아니고 그저 소프트웨어에만 집중하기로 했습니다.' 당시의 많은 소프트웨어 개발자들에게는 이상하게 들릴 일이었고 공개적으로 천명하기에도 많은 용기가 필요한 발언이었지만 게이츠는 꿈쩍도 하지 않았다.

사업적인 면에서는 실용적이고 가끔 무자비했지만 게이츠는 빨리 돈을 벌려고 하지 않았다. 다른 많은 위대한 창업자들처럼 그는 항상 장기 전략을 세우고 있었다. 2008년 PC매거진과의 인터뷰에서 그는 말했다. '우리(마이크로소프트)는 다른 어떤 업체보다도 장기적인 계획을 세웁니다.' 사업가로서 전혀 손색없는 그이지만 정작 자신은 사업가이기 전에 과학자이자 혁신가라고 행각했다. 한 예로 1994년 플레이보이지와의 인터뷰에서 그는 말했다. '저에게 사업에 쏟아붇는 생각은 10% 남짓입니다. 사업을 그렇게 복잡하지 않아요. 그래서 명함에 표시하고 싶지 않습니다. 저는 오히려 과학자에 가깝습니다.' 2년 후 그는 랜달 스트로스 작가의 The Microsoft Way에서 이렇게 말했다. '정말 중요한 것은 미래이기 때문에 저는 과거를 자주 돌아보지 않습니다.'

게이츠와 앨런의 굳은 결심과 비전은 1970년대 후반부터 1980년대 초반까지 마이크로소프트가 신생 산업에서 기업의 입지를 넓힐 수 있게 한 원동력이었다. 둘은 서둘러 9명으로 구성된 정예 조직을 꾸렸고 1980년이 되자 직원은 32명으로 늘었다. MITS, 코모도어, 애플과의 거래를 잇따라 성사시키며 자신감을 쌓아갔다. 그리고는 컴퓨터 산업의 거물인 IBM과 마이크로소프트의 역사상 가장 중요한 거래를 성공하게 되었다. 당시의 IBM은 이미 30만명이 넘는 직원을 채용하고 있었기에 마이크로소프트와 비교하면 1명대 1만명 정도의 규모 차이가 났다. 마치 다윗과 골리앗 같은 두 회사였지만 게이츠는 이후 시장 가치로 마이크로소프트가 IBM을 몇 배로 누를 수 있는 거래 조건을 요구할 현명함을 가지고 있었다.

1983년, 타임즈지는 매년 '올해의 인물'을 발표하던 전통을 깨고 '올해의 기계'로 컴퓨터를 선정하였다. IT 혁명이 최고조에 올라 있었을 때였고 그 선봉에는 빌 게이츠와 스티브 잡스가 있었다. 1년 후 게이츠는 처음으로 타임지의 표지를 장식하였다. 2년 후 마이크로소프트는 공개 주식회사로 전환하였고 게이츠를 최연소 억만장자로 만들어 주었다. 10년만에 바닥만 쳐다보던 대학중퇴생이 세계적인 아이콘으로 변모하는 실로 엄청난 성장이었다. 하지만 게이츠는 1975년에 폴 앨런과 마이크로소프트의 미래를 꿈꿀 때 그린 목표에는 미처 도달하지 못했다. '모든 책상과 모든 집에 컴퓨터를 놓자.' 누구에게는 그저 공상과학으로만 보이는 생각을 마이크로소프트는 현실로 바꾸고 있었다.

그래서 게이츠는 더욱 더 채찍을 가했다. 1985년 아직은 어설펐던 그래픽 운영체제인 윈도우와 워드 문서작성프로그램, 엑셀 스프레드시트 프로그램을 포함한 오피스 등을 출시하자 마이크로소프트의 입지는 더욱 공고해졌다. 1990년대 중반이 되자 마이크로소프트는 소프트웨어 부문에서는 이미 세계를 제패하였고 인터넷의 성장에도 발을 들이는 참이었다. 이에 힘입어 게이츠는 더욱 큰 꿈을 품었다. 게이츠는 1995년 포브스지에 실린 브렌트 슐렌더와의 인터뷰에서 이렇게 말했다. '우리는 이제 약간의 실수도 만회할 수 있는 힘이 있고 도전하기를 두려워 해서는 안 되는 위치에 와 있습니다. 마이크로소프트는 이제 큰 무대에서 섰습니다. 사람들은 우리가 큰 무대에서 성공하기를 기대하고 있습니다. 그리고 우리는 큰 무대를 사랑합니다.' 2년 후 같은 잡지에 실린 랜달 스트로스의 기사에서 게이츠의 비전이 무엇이었는지 엿볼 수 있다. '미래의 컴퓨터는 말하고, 듣고, 보고, 배울 수 있을 것이다.'

최근의 게이츠는 마이크로소프트를 성장시키며 가졌던 같은 비전을 자선사업과 우리 지구가 마주하는 가장 어려운 문제들을 해결하는 데에도 적용하고 있다. 그는 기후 변화 문제에 재생 에너지원을 개발함으로써 대응한다. 2011년 와이어드지에 의하면 게이츠는 이렇게 말하였다. '귀여운 장식을 원한다면 가정용이 정답입니다. 지붕 위에 태양광 패널을 올리면 멋있으니까요. 하지만 에너지 문제에 진지하게 접근하려면 사막에 대용량 패널을 설치해야 합니다.' 작은 꿈은 절대 품지 않는 사나이의 발언 답다.

마이크로소프트의 '빅 딜'

'저는 행동대장이었습니다. 현실 세계에 전화를 걸어 무엇인가를 팔아보자고 말했지요.'

— 빌 게이츠, 1992년 제임스 월러스 작가의 '하드 드라이브' 중

1980년, 게이츠는 마이크로소프트를 소프트웨어 산업의 떠오르는 신생 업체에서 세계적인 일류회사로 성장시킬 거래를 성사시켰다. 연 매출 250만 달러에서 수천억 달러로 규모가 급성장 하게 된 것이다.

당시 세계적인 컴퓨터 회사였던 IBM이 개인컴퓨터 시장에 진입하기로 결정하면서 마이크로소프트에게 기회가 찾아왔다. IBM은 기업 및 대규모 기관에 정보 처리 기기들을 공급하던 기존의 전문분야에서는 단연 최고였다. 하지만 개인컴퓨터는 완전히 달랐다. 1980년대의 IBM은 사업적 판단을 빠르고 유연하게 확정하기에는 그 규모가 너무 거대하였다. 그리고 그것은 마이크로소프트의 강점이었다.

실리콘밸리에서는 이미 IBM이 자사 컴퓨터에 탑재할 좋은 운영체제를 개발하기 위해 고전 중이라는 소문이 나 있었다. 그들은 결국 자체 개발 대신 외부에 위탁하기로 하였고 게이츠와 마이크로소프트 팀이 그들의 물망에 올라 연락을 취하게 되었다. 게이츠는 당시 20대 중반의 젊은이였지만 IBM은 그를 컴퓨터 산업에 떠오르는 인재이자, 결코 어리지 않은 상업적 재능을 가진 사업가로 인정하고 있었다.

첫 번째 회의가 열렸을 때 IBM 직원들은 모두 정장을 입고 있었고 게이츠는 평소와 다름없이 면바지에 면셔츠를 입고 왔다고 전해진다. 서로 어색했는지 두 번째 회의가 열렸을 때는 게이츠는 그간의 전통을 깨고 셔츠와 넥타이를 입은 반면 상대편 측은 모두 게이츠의 옷차림으로 나타났다고 한다. 옷차림에 있어서는 양쪽의 스타일이 달랐지만 게이츠는 여전히 그들에게 최대한 유용한 조언을 하려 애썼다. 처음에는 마이크로소프트에 자체 개발한 운영체제가 없었기 때문에 그들이 자주 거래하던 디지털리서치사를 추천하였다.

디지털리서치에게는 불행이고 마이크로소프트와 게이츠에게는 천만다행으로 IBM과의 협상이 무산되어 IBM 임원들은 다시 한번 게이츠에게 도움을 청하였다. 게이츠는 결국 그들에게 운영체제를 새로 개발해 주기로 합의하였다. 몇년 전 MITS와의 거래와 마찬가지로 게이츠는 아직 만들지 않은 제품을 약속한 셈이었고, 게이츠는 약속을 지키기 위해 적절히 실용적으로 접근하였다.

그는 얼마 전 시애틀에서 Q-DOS(Quick and Dirty Operating System)라는 새로운 운영체제를 개발한 프로그래머인 팀 패터슨과 접촉하였다. 그는 해당 제품을 단일 요금에 사들였다. 정확한 액수에는 논란이 있지만 약 5만 달러 정도였다고 전해지며, 이것은 아마 게이츠가 살면서 가장 잘 쓴 돈일 것이다. 게다가 이제는 5만 달러 정도야 게이츠에게는 거스름돈에도 미치지 못할 액수일테니 말이다. 마이크로소프트는 IBM의 요구사항에 맞추어 Q-DOS를 재구성하는 작업에 착수

했고, MS-DOS(Microsoft-Disk Operatinig System)로 이름붙여 공개하였다. IBM은 만족하며 사들인 후 PC-DOS로 이름을 바꾸어 판매하였다.

　IBM이 처한 상황을 알고 있었던 게이츠는 마음만 먹으면 MS-DOS의 가격을 가능한 많이 받아내려 할 수도 있었다. 대신 그는 운영체제 시장에서 지배적인 위치를 차지할 수 있도록 거래 조건을 유리하게 하는 방법을 택했다. 그는 IBM에게 MS-DOS를 팔면서 비교적 적은 일회성 선급금을 받는 대신 마이크로소프트가 MS-DOS의 저작권을 유지하기로 하였다. 게이츠는 앞으로 수많은 업체들이 IBM과 같은 방식으로 컴퓨터를 생산하게 될 것이고 그들의 컴퓨터에 탑재할 운영체제를 필요로 할 것이라는 계산 하에 모험을 걸었고, 그것이 적중했다.

　IBM이 판매하는 개인컴퓨터는 처음 구매할 때 세 가지 소프트웨어 중 하나를 선택할 수 있었고, PC-DOS가 그 중 하나였다. IBM에게 낮은 가격에 팔았기 때문에 PC-DOS를 탑재한 모델이 다른 두 모델보다도 저렴했다. 게이츠는 IBM PC 중 가장 잘 팔리는 모델이 되는 것이 궁극적인 성공 전략이라는 것을 알았기 때문에 저렴한 가격을 내세우는 것이 가장 중요했다. 그의 예상대로 저렴한 가격 덕분에 PC-DOS 탑재 모델이 가장 많이 팔렸다. 세계적인 컴퓨터 회사 답게 IBM은 높은 판매고를 올렸고 그와 동시에 마이크로소프트라는 소프트웨어 회사의 이름도 유명해졌다. PC-DOS가 업계 기준이 된 것이다. 게이츠가 바라던 대로 100개가 넘는 컴퓨터 제작사들이 PC-DOS의 라이센스 계약에 대해 문의해 왔다. 그리고 소니, NEC, 마쯔시타 등 다른 유명한 하드웨어 제작 업체들은 그들만의 맞춤형 운영체제를 개발해 달라고 문의했다. 1980년에서 1981년 사이 마이크로소프트의 매출액은 두 배가 넘게 뛰었다. 얼마 지나지 않아 마이크로소프트는 급성장하고 있던 세계 소프트웨어 산업의 선두주자가 되어 있었다.

> ## 혁신하고, 혁신하고, 또 혁신하라
>
> ―
>
> '자신이 낸 아이디어 중에 단 하나에도 사람들이 웃지 않는다면 어쩌면 그것은 그 사람이 충분히 창의적이지 못해서일 것이다.'
>
> ― 빌 게이츠, 1996년 뉴욕타임즈 중

2003년 빌 게이츠는 뉴스위크지에 이렇게 말하였다:

'돌파라는 것은 수백만명의 사람들이 당연히 하지않으면 안된다고 믿는 행위를 바꾸는 것입니다. 돌파는 우리에게 매우 중요합니다. 고객들이 우리의 소프트웨어를 산 후 평생 사용해버리면 우리는 더 이상 돈을 벌 수가 없기 때문에 결국 우리는 우리가 이루어내는 돌파에 대해 돈을 버는 것이라고 할 수 있습니다.'

마이크로소프트는 계속해서 기술적인 경계선을 확장하고 고객들이 원하는 제품을 가장 먼저 만들어 내도록 노력했기에 그 후 40년 동안 최고의 위치를 지킬 수 있었다. 게이츠 뿐 아니라 모두가 혁신에 대한 금전적인 보상에 대해서는 이해하고 있지만, 게이츠는 더 큰 그림을 보았다. 2010년 그는 MIT Technology Review지에 이렇게 말했다. '누군가가 창업자의 마음가짐으로 미친듯이 새로운 것을 창조할 때 그가 세상에 더해주는 가치는 엄청납니다.' 혹자가 마이크로소프트를 한 회사로서는 어떻게 생각하든, 이 회사의 제품들이 세상을 바꾸었다는 데는 반박할 수 없을 것이다.

게이츠의 명성은 오랜 시간 냉철한 사업가로서 많이 알려졌지만, 그를 가까이서 지켜본 이들은 그의 철학자스러운 면모에 대해 잘 알고 있다. 포브스지의 발행인 리치 칼가드는 이렇게 말한 적이 있다. '아이디어와 제품 사이, 그리고 수명이 짧은 것과 영원한 것 사이의 오래된 구분법이 사라지고 있다.' 게이츠는 여러가지로 칼가드의 발언에 들어맞는 인물이다.

컴퓨터 기술의 혁신에 대한 게이츠의 사랑은 실로 심오하다. 1996년 스미스소니안 잡지는 게이츠가 역사 속의 한 시점으로 돌아간다면 어느 시대인지 질문했는데, 게이츠는 1947년 벨 연구소에서 트랜지스터를 발명했던 때를 꼽았다. 그는 말했다. '그때가 바로 정보화 시대가 출현하게 한 과도기적인 사건이었습니다.' 그리고 그는 경쟁자에게 뒤처지는 것을 몹시도 두려워 한다. 파스칼 재커리 작가의 1994년작 '쇼스토퍼!'에서 그는 게이츠의 발언을 실었다. '항상 뒤쫓아오는 경쟁자를 의식해야만 합니다.' (서로 먹고 먹히는 실리콘밸리 세계에서 이는 게이츠만의 생각이 아니었다. 인텔의 회장이자 게이츠가 무척 존경하는 앤드류 그로브는 자신의 자서전의 제목을 '강박적인 자만이 생존한다'라고 지었다.)

게이츠는 실패란 항상 한두발 거리에 있고 왕좌를 노리는 경쟁자는 수없이 많다는 사실을 기억했다. 그는 1997년 캘리포니아에서의 한 연설에서 이렇게 말했다. '빠르게 변화하는 업계에서는 주요한 트렌드에 앞서나갈 수 있고 그것을 새롭게 적용하며 실질적인 가치를 더해 줄 수 있는 회사들이 성공합니다.' 같은 해 그는 비즈니스위크지에 이렇게 말했다. '마이크로소프트에서는 장기적인 관점을 취합니다. 이것은 우리가 현 시점의 제품 개발에서 경쟁력을 유지하면서도 연구개발에 많이 투자하여 앞으로의 방향을 예측한다는 뜻입니다.' 당시의 최고기술책임자였던 네이든 마이어볼드는 더 솔직하게 말했다. '전략 기술을 얻는 방법은 스스로 취하는 것이다.'

> **당신 머리 위의 월계관에 안도하지 말라**
>
> 게이츠는 제록스 팔로알토 연구소(Xerox PARC)의 쇠퇴를 채찍삼아 신제품 개발에 힘썼다. 인쇄 부문에서 업계 선두였던 제록스에서 설립한 제록스 연구소는 1970년대에 여러가지 신기술을 개발했지만 상업화 해서 수익을 창출하는데 실패하여 결국 애플과 마이크로소프트에 뒤처지고 말았다. 게이츠는 제록스의 전철을 밟지 않겠노라고 굳게 다짐하였다.

그래서 그는 연구개발 친화적인 회사 분위기를 만들기 위해 많은 시간과 노력을 투자하였다. 2003년 스미스소니언과의 인터뷰에서 그는 이렇게 말했다:

우리는 3년마다 우리 회사의 정체성을 재정립합니다. 변화하지 않는 회사는 아주 빨리 도태되는 법이고 그 예는 수없이 많습니다. 저는 제품개발이 이루어지는 환경은 대학교 캠퍼스처럼 즐거운 곳이어야 한다고 항상 생각해왔습니다.

실제로 마이크로소프트는 제품 개발에서도 학생같은 분위기와 어느 정도의 장난기를 간직하기로 유명하였다.

게이츠는 소프트웨어를 어떤 예술가적 기교와 공학의 집합체로 묘사하였다. 이는 성숙하기 위한 시간을 요구한다. 1996년 그는 Advertising Age 잡지에 이렇게 말했다. '사람들은 생각하기 위한 시간을 필요로 합니다.' 그리고 1997년 캠브리지의 세인트존스칼리지에서의 연설에서 이렇게 말했다. '연구소의 묘미중 하나는 최고의 인재들이 모여서 기한 없이 자유로이 일할 수 있다는 것입니다.' 물론 윈도우의 새 버전은 늦게, 어떨 때는 2년이나 늦게 출시하기로 악평이 나 있다. 하지만 게이츠는 제품을 시장에 내놓을 준비가 될 때까지 출시를 지연하는 것은 회사의 권리라고 해명하였다. 그는 1994년 인포월드지에 이렇게 말하였다. '제품력을 기준으로 한다면 출시일에는 약간의 유동성이 있을 수밖에 없습니다. 저희 제품들의 출시일은 고정되어 있지 않습니다.'

게이츠는 1996년 파이낸셜타임즈지에 이야기하였듯, 전통적으로 새로운 아이디어를 개발하는 데 있어 규모가 작은 팀을 구성했다. '규모와 우수성은 반비례합니다. 우리 회사의 규모가 커지더라도 일할 때 대형업체처럼 행동하면 실패할 것입니다.' 그는 어떤 프로젝트라도 이상적인 팀의 인원을 35명 이내로 규정하였고 이후 회사가 급성장할 때도 이 원칙을 유지하려 노력했다. 마이크로소프트가 하나의 거대한 팀이라면 그는 이 큰 조직 안에서 움직이는 여러 개의 작은 조직을 구성하려 하였다. 그는 1995년 인더스트리위크지에 이렇게 말했다. '작은 팀들은 효율적으로 소통할 수 있고 큰 조직 안에서도 빠르게 움직일 수 있습니다.' 그리고 그는 고객들은 우아하게 간단한 해결책을 필요로 하고 원한다는 니즈를 파악하여 연구개발의 방향을 설정하였다. 그는 2007년 하버드 졸업 연설에서 이렇게 말했다. '변화를 막는 장애물은 무관심이 아니라 과도한 복잡성입니다.'

제록스 팔로알토 연구소에서 아이디어를 키우고 발전시키고는 타 회사들에게 그 과실을 빼앗긴 것을 마이크로소프트 연구소는 여실히 피해갔다. 마이크로소프트는 MS-DOS, 윈도우, 오피스, 인터넷익스플로러부터 엑스박스까지, 시대를 규정하는 제품들을 잇따라 출시했고 상업적으로 크나큰 성공을 거두었다. 1995년 인더스트리위크지의 기사 중 조지 타니네즈가 인용한 말에 따르면 게이츠는 이렇게 생각했다고 한다. '마이크로소프트 내에 창업자 마인드가 지속될 수 있는 이유는 우리의 주요한 목표가 바로 우리 자신을 재창조하는 것이기 때문이다. 우리가 만든 제품은 다른 사람이 아니라 우리가 만든 제품으로 대체해야 하는 것이다.'

아이디어를 시험하라

'마이크로소프트의 모든 중요한 결정의 중심에는 갈등이 있다. 우리는 다른 회사에 대해서는 물론이고 내부인들끼리도 항상 전시상태에 있는 회사다.'
— 파스칼 재커리, 1994년 쇼스토퍼! 중

게이츠의 사업과 그의 세계관의 중심에는 아이디어가 존재하기 때문에 게이츠는 아이디어들을 진지하게 여긴다. 좋은 아이디어가 떠오르면 그는 그 아이디어의 한계를 시험하기를 즐긴다. 그 한계에 이르렀다가도 원래대로 돌아올 수 있는 아이디어는 통과된다. 그는 좋은 관리자는 이미 결정된 사안을 재검토하지 않는다고 생각한다. 좋은 관리자라면 사안을 면밀히 살폈을 것이고 애초에 옳은 결정을 했을 것이기 때문이다. 그러므로 어떤 아이디어가 게이츠의 수락을 얻어냈다면 그는 그 아이디어에 신념을 가지고 끝까지 싸워줄 것이라는 것을 알 수 있다.

하지만 한 아이디어가 그 정도의 신임을 얻어내려면 힘든 과정을 거쳐야 한다. 한 직원이 희망을 품고 자신의 아이디어를 소개하면 게이츠는 그의 감정에 대해 고려하지 않고 그 아이디어를 전격 해부해버린다. 게이츠는 새로운 아이디어에 대한 회의에서 고함을 지르고 아무렇지 않게 신랄한 비판을 하고 상대방과 언쟁을 하는 데 거리낌이 없다고 알려져 있다. 가장 강한 아이디어만이 살아남을 자격이 있다는 그의 태도는 다윈의 적자생존 법칙과도 유사하다.

그가 가장 즐겨하는 대사 '그건 내가 들어본 아이디어 중 가장 바보같군.'을 듣게 되면 아무리 씩씩하고 자신감 넘치는 사람이라 하더라도 위축될 것이다. 하지만 게이츠는 그의 방식이 제안자를 무안하게 하는 것이 아니라 아이디어를 증명하는 방법이라고 진심으로 믿고 있다. 1994년 그는 플레이보이지에 이렇게 말했다:

'저는 누군가를 비난한 적이 한번도 없습니다. 아이디어를 비난한 적은 있습니다. 어떤 것이 시간 낭비라거나 적절하지 않다고 생각이 되면 저는 그 자리에서 지적합니다. 바로 이야기를 하지요. 실시간으로요. 그렇기 때문에 한 미팅에서도 저의 '그건 내가 들어본 아이디어 중 가장 바보같군.' 대사를 여러번 들을지도 몰라요.'

많은 사람들이 그의 냉정한 평가에 희생되고 회복불능에 빠지기도 했지만 게이츠는 반대로 도전받는 것을 두려워 하지 않는 인물이기도 했다. 어떤 이들은 그가 약자를 괴롭힌다며 비난하지만 반대로 그는 약자의 위치에 있다 하더라도 그에게 맞서서 스스로를 변호하는 이들은 존중해줬다. 1990년에 만들어진 사내 영상에서 마이크로소프트 소속 프로그래머인 크리스 피터는 이렇게 조언했다: '빌에게서 아무것도 숨기려 하지 마세요. 그는 모든 것을 알아내니까요. 하지만 당신은 굳건한 자세로 그에게 아니라고 소리칠 줄 알아야 합니다. 빌은 아니라고 말할 줄 아는 직원을 존중합니다.'

게이츠는 자신도 틀릴 때가 있다는 사실을 인정했다. 네이든 마이어홀드는 게이츠와 함께 주기적으로 수준높은 브레인스토밍을 실시하며 항상 게이츠의 그러한 태도에 감명을 받았다. 이것 또한 게이츠의 가장 좋은 아이디어만 성공시키자는 게이츠주의에 적합한 태도였다. 전략이 멋지지는 않아도 효과적이어야 함은 필수였다.

게이츠와 지적재산권

'우리가 크게 성공할 수 있었던 비결은 바로 유용한 기능들의 통합한 데 있습니다. 사람들에게 인기있으면서 꼭 필요한 것들은 무엇이든 모아서 기능을 확장시키고 그러한 체계들이 공존할 수 있는 환경을 만들어 주는 것입니다.'

-빌 게이츠, 1997

아이디어 사업, 특히 소프트웨어와 같이 유연하고 빠르게 진화하는 분야에서는 지적재산권법에 대해 신경써야 할 부분이 많다. 지적재산권 분야에서는 특허가 누구의 소유인지에 따라 게이츠도 대처 방식 수립에 있어 시행착오를 겪곤 했다.

세계지적재산기구에 따르면 지적재산권이란 '상업적으로 이용되는 발명품, 문학적 또는 예술적 작품, 디자인, 문양, 이름, 그림 등 무형적 창작품'을 의미한다. 우리가 사는 세상에서 흔히 상품에 표시되어 법적으로 보호받는 특허, 저작권 및 상표를 포함하는 모든 것이라 할 수 있다. 그러나 정확히 무엇을 지적재산권으로 정의하느냐는 복잡한 문제이기도 하거니와 그 문제에는 막대한 금전적 의미 역시 내포되어 있다. 그렇다 보니 빌 게이츠와 마이크로소프트 법무팀은 오랜 기간에 걸쳐 미국 안팎의 법정에서 단골로 등장하는 손님이 되었다. 그들은 여러가지 지적재산권 침해 건으로 소송을 걸기도 하고 휘말리기도 했다.

한편 소프트웨어 개발자로서 첫 걸음을 뗐던 시절의 게이츠는 합법적으로 타인의 창조물을 개발하고 확장하는 경우가 많았다. 예를 들어 MITS사와의 프로젝트에서 그는 기존의 BASIC 언어를 사용하여 프로그램을 만들기도 하고 IBM이 자체 개발한 운영체제를 수정하기도 하였는데 두 건 모두 합법적인 테두리 안에서의 일이었다. 게이츠는 항상 마이크로소프트가 타사의 저작권을 침해한 일은 절대 일어나지 않았으며 기존의 제품들을 열심히 개선할 뿐이라고 고집해왔다.

정보기술의 역사를 연구하는 학자들은 아이디어를 자유롭게 공유하며 실리콘밸리가 탄생했다는 사실에 대해 다수가 인정하고 있다. 이러한 분위기 속에서는 완전히 새로운 것을 혁신하고도 그에 대한 공과를 인정받지 못한 사람들도 물론 있을 것이다. 결국 승자는 어떠한 아이디어를 상품으로 완벽히 재현하고 시장에서 먼저 인정받는 이였다. 게이츠는 1991년 마이크로소프트 사내 공문에 이렇게 썼다: '현재 시장을 주도하는 아이디어들이 처음 생겨났을 때 사람들이 특허 관련 절차를 미리 알고 등록해버렸다면 소프트웨어 산업은 지금쯤 완전히 정체되어 있을 것입니다.' 즉 소프트웨어 개발자들이 처음부터 특허 등록에 신경을 썼다면 자유롭게 아이디어를 교환하며 소프트웨어 산업이 이렇게 빨리 성장하는 일은 없었을 것이다.

반대로 게이츠는 지적재산을 맹렬히 보호하는 모습을 보이기도 했다. 처음 사업을 시작하였을때 게이츠는 당시 유명했던 컴퓨터 잡지에 글을 기고하여 마이크로소프트의 프로그램을 불법적으로 복제하여 사용하는 사람들을 비난하였다. 그의 주장은 단순했다. 개발자들은 그들의 작품에 대하여 정당하게 보상받을 권리가 있다는 것이다. 당시에 쓴 그의 말은 이러하였다: '많은 컴퓨터 애호가 여러분들이 이미 알고 있들이 많은 분들은 프로그램들을 불법 복제하여 사용하고 있습니다. 하드웨어는 기꺼이 돈을 지불하면서 소프트웨어는 공유하여 사용하는 것으로 생각합니다. 그것을 만든 사람들이 보상을 받는지에 대해서는 아무도 신경을 쓰지 않습니다.' 개발자들이 보상받을 권리를 존중받지 못한다면 그들이 진지하게 소프트웨어 개발에 임할 중요한 동기가 없어지는 꼴이었다. 그 끝은 모두가 패하는 것이었다.

물론 마이크로소프트는 점점 특허를 진지하게 보호하게 되며 자신들의 특허를 침해하는 이들을 맹렬히 추격했다. 2004년 스티브 발머는 리눅스 운영체제가 마이크로소프트의 특허 235개를 침해했다고 주장했다. 특허는 어느새 마이크로소프트가 운영하는 사업의 큰 축이 되어 매년 수십억 달러의 수입을 가져다 주는 별개의 사업 조직으로 성장하였다. 그러나 회사는 특허를 제대로 관리해야만 기술 혁신을 이룰 수 있다는 논리를 펴고 있다.

> **게이츠처럼 특허를 보호하라**
>
> 놀랍게도 마이크로소프트는 1986년에 첫 특허를 등록한 이후 1990년까지 등록한 특허가 10건도 채 되지 않았다. 그러나 1991년 사내에 회람된 공문을 보면 그 시기에 특허를 대하는 정책이 크게 변화한 것으로 보인다. '어떤 제 3의 거대 기업이 우리가 당연히 여겼던 인터페이스나 오브젝트의 정의, 알고리즘, 응용법의 확장 또는 다른 중요한 기법들에 대해 특허를 등록해 버리고 그에 대한 수익을 몇년씩 챙겨갈 것'을 두려워 한 게이츠는 '거대 기업들과 교환하는 모든 것을 특허화하며 그 외의 모든 것을 최대한 특허화'하는 것을 대안으로 삼았다. 2009년이 되자 마이크로소프트는 일만건의 특허를 등록했고, 매년 약 2500건의 신규 특허를 신청하고 있다.

게이츠는 그의 자선 사업에도 유사한 태도를 취하며 세계적으로 가장 큰 문제들에 대한 혁신적인 해법을 찾아내고 이를 공유하려면 지적재산권법이 결정적인 역할을 한다고 주장한다. 예를 들자면, 어떤 제약회사가 자신의 투자에 대해 타당한 보상을 기대할 수 없다면 아프리카의 사하라 남부 지역에 번지는 질병을 고치는 약을 개발하기 위해 큰 돈을 투자하겠는가?

그의 이러한 방식은 모든 이들에게 환영받는 것은 아니다. 특히 본인 또한 '지적재산의 유통기한은 바나나의 그것과 같다'고 발언한 적이 있으니 말이다. 게다가 많은 이들은 게이츠가 자신 또는 마이크로소프트 소유가 아닌 지적재산에는 별 관심이 없다고 지적한다.

한 일화를 들자면 1997년 월스트리트지는 트렐릭스에서 수석 기술개발자로 재직하던 다니엘 브리클린이 마이크로소프트와 일한 경험에 대한 인터뷰를 실었다: '코끼리와 춤을 추는 것은 대단히 무섭습니다. 그들은 내가 무엇을 하는 지 보고 무엇이든 빌려 쓰려고 합니다.'

게이츠가 싸워서 이긴 지적재산 소송 중에 가장 유명한 것은 의심의 여지 없이 스티브 잡스와 애플 건이다. 마이크로소프트가 윈도우를 출시한 후 애플은 게이츠의 개발팀이 애플의 맥 컴퓨터로 유명해진 GUI (Graphic User Interface; 시각적 사용자 인터페이스)의 모양새와 느낌을 차용했다며 소송을 제기했다. 이 소송은 몇년동안 지속되다가 1994년에 이르러서야 마이크로소프트가 승소하게 되며 지적재산은 어떻게 정의되는지, 무엇이 지적재산의 도용이며 기존 기술의 합법적 개발을 무엇인지 등의 흥미로운 문제들을 양산했다. 게이츠는 이 소송건에 대해서만큼은 솔직한 태도를 취했는데, 그것은 양측 모두가 제록스 팔로알토 연구소의 연구에 빚을 졌다는 것이었다. 2011년에 출간된 월터 아이작슨 작가의 스티브 잡스 평전에는 스티브 잡스와 빌 게이츠의 전설적인 대화가 수록되어 있는데, 잡스가 게이츠에게 '당신은 도둑이요! 당신을 믿었는데 이젠 우리에게서 도둑질을 하는군요!'라고 외치자 게이츠는 차분하게 대답했다고 한다. '글쎄요 잡스씨. 제 생각에 이 문제는 관점에 따라 달라질 것 같네요. 저는 이렇게 생각해요. 우리에겐 제록스라는 부유한 이웃집이 있었고, 제

가 그 집에 텔레비전 세트를 훔치러 들어갔더니 당신이 이미 훔쳐가고 없는 것처럼 보입니다.'

맨 앞에서 리드하라

'저는 마이크로소프트나 마이크로소프트의 간부들이
태생적으로 민감한 성향을 갖고 있다고는 말할 수 없을 것 같습니다.'
— 스티브 발머, 1998년 월스트리트지

만년 학생같은 외모와 수려한 웅변가와는 거리가 먼 목소리와 말투 때문에 게이츠는 위대한 지도자를 떠올렸을 때 으레 연상되는 모습과는 다르다. '완전 짱이네!' 같은 비속어를 곧잘 쓰는 게이츠와 윈스턴 처칠을 헷갈릴 일은 없다. 하지만 그는 여러가지로 현 시대의 가장 중요한 리더로서의 면모를 갖추었다. 그는 동떨어진 두 분야에서 (소프트웨어와 자선사업) 창의적 사고와 실용주의, 조직력과 주변 사람들에게 영감을 주는 능력을 동시에 보여주었다.

이미 기술한 바 있듯이 게이츠는 마이크로소프트의 직원과 동료들을 대할 때 자주 거친 모습을 보이는 것으로 정평이 나 있다. 가벼운 욕이나 말 자르기, 촌철살인으로 비꼬기 외에도 그는 때때로 주체할 수 없이 소리지를 때도 있었다. 게다가 그는 고심 중일 때 몸을 앞뒤로 흔들며 주변 사람들을 불편하게 만들고 그가 답하기 싫은 질문을 받으면 가볍게 무시하는 경향도 있었다. 직원들 다수는 그들의 상사에게서 오는 호출을 두려워 하게 되었다. 게이츠 자신도 CEO직을 내려놓은 후 얼마 뒤에 진행한 2000년도 뉴스위크지와의 인터뷰에서 이렇게 말했다. '비인간적인 직업이었어요. 그들에게 무한한 요구를 할 수밖에 없도록 만드니까요.'

하지만 좋은 기업의 대표가 회사에서 가장 많은 인기를 끌어야 하는 직책은 절대 아니다. 앨런, 발머 등과 때때로 서먹한 사이가 되었듯이 게이츠는 상대하기 쉬운 인물은 아니었지만 대단한 의리를 가지고 있었고 부인할 수 없는 놀라운 성과를 달성했다. 첫인상과는 달리 그는 리더로서의 여러가지 덕목을 처음부터 내재하고 있었다. 2003년 스미스소니언 프로젝트에서 밝혔듯 그의 리더로서의 면목은 학창시절부터 엿보였었다. 레이크사이드 프로그래밍 동아리에서 퇴출당했다가 재가입을 권유받았던 일화를 말하며 그는 그때 프로그래머 학우들에게 이렇게 말했다고 한다. '이봐, 나를 다시 가입시키기 위해서는 나를 동아리 회장으로 추대해 줘야 해. 하지만 위험한 일일 거야. 왜냐하면 나를 회장 자리에 올려주면 나는 영원히 내 직책을 놓지 않을 거니까.'

사람들을 이끌고자 하는 욕망은 그 자체로 어느 정도 이기적인 성격을 띠기도 하지만 게이츠는 진정으로 위대한 리더는 수장 없이도 조직이 번창할 수 있도록 만들어야 한다는 것을 이해하고 있었다. 마이크로소프트의 상근직에서 물러나겠다고 밝혔던 2006년 기자회견에서 그는 이렇게 말했다. "세상은 지금껏 저에 대해서 과대하게 집중 조명하는 경향을 보였습니다." 그러므로 게이츠에게 리더십이란 자신의 권위를 과시하기보다도 모든 일이 자신의 까다로운 기준에 부합하도록 처리되는 지를 확인하는 자리였다고 할 수 있다.

　게이츠는 자신이 직면한 작업에 놀라우리만치 오랫동안 집중력을 유지하는 능력을 가진데다가 그의 사업 목표를 이루기 위한 시간과 노력을 아끼는 법이 없었다. 긴 업무 시간을 기꺼이 감수하는 일 외에도 그는 매우 체계적으로 일을 하는 편이다. 예를 들어 그는 회의에 들어가기 전에 다루어질 안건에 대해 미리 숙지한 뒤에야 참석한다. 1996년 그는 뉴욕타임즈지에서 이렇게 말했다. '저는 회의에 참석할 때마다 특정한 목적을 가지고 들어갑니다. 회의가 시작되면 관련이 없는 담소를 최소화합니다. 특히 저와 친분이 많은 동료가 참석할 때는 더욱 신경씁니다.' 그는 초반에 기초 작업을 단단히 해 놓는 것이 이후에 필요없는 노동을 줄여 준다는 신념을 가지고 있다. 세부 사항을 제거하고 문제의 핵심을 파악하고 나면 그는 처음 대하는 안건이라 하더라도 옳은 결정을 내릴 수 있다고 자신한다.

> '같은 결정을 두 번 내리지 마세요. 첫 번째에 옳은 결정을 하고 두 번째에 재검토하는 일이 없도록 처음부터 시간을 들여 숙고하세요.'
>
> — 빌 게이츠, 1997년

그는 결정을 내릴 때 증거와 직감 모두에 의존한다. 모든 직원은 자신이 하는 일을 어떻게, 왜 하는지 정당화할 수 있어야 하고 모든 신규 아이디어는 현미경만큼 세세한 검토 절차를 거친다. 한편 그는 본인의 직감을 믿고 자유로이 실행에 옮길 때도 있다. 1997년 타임지에서 그는 이렇게 말했다. '지능이 사람의 능력에서 차지하는 비중이 예전보다 줄었다고 생각합니다. 성공하기 위해서는 선택을 할 줄도 알아야 하고 좀 더 넓은 시야를 가져야 합니다.' 그가 2008년 창의적 자본주의에 대하여 역설했을 때도 비슷한 맥락의 발언을 했다. '이성으로 해결을 찾는 것은 한계가 있다.'

이러한 게이츠의 발언을 종합해 보면 그는 리더십에 대해 매우 진지하게 접근하는 것으로 보이지만 사실 자기 자신과 동료들이 직장에서 누리는 즐거움에도 큰 가치를 두었다. 그가 가끔씩 하는 장난들을 보고 MITS의 수장인 에드 로버츠는 이렇게 표현했다. '그는 마치 엘비스 프레슬리 같아요. 철이 들지 않았지요.' 그의 외모에만 피터 팬을 연상시키는 특징이 있는 것은 아니다. 그는 세상 무엇이든 불가능한 것은 없고 자기 자신이 이루어 낼 것이라는, 어찌보면 소년같은 믿음을 가지고 있었다. 2009년 콜롬비아대학에서의 연설에서 그는 말했다:

'살다 보면 내 자신에게 자신감을 가져야만 하는 마법같은 순간들이 찾아옵니다. 자신을 믿고 행동으로 옮기면 이루어지는 순간이지요. 인생에 몇 번 없을 기회이기 때문에 꼭 붙잡아야 합니다.'

그는 그의 열정을 유발하지 못하는 일에는 시간을 투자하지 않는다. 1997년 1월 타임지에서 그는 자신의 일에 대해 이렇게 말했다: '저는 아직도 이 일이 너무나 재미있습니다.' 1년 전 그는 뉴욕타임즈지에서 이를 더 잘 표현해 주었다:

'오늘날에도 제 흥미를 끄는 것은 돈을 버는 일이 아닙니다. 만약 제 직업과 재산 중 한가지를 택해야 한다면 저는 일을 택할 것입니다. 제 계좌에 어마어마한 금액이 찍혀있는 것보다 몇 천 명의 명석하고 재능있는 사람들과 팀을 이루고 그들을 이끌어 나가는 것이 훨씬 더 즐겁습니다.'

게이츠가 마이크로소프트의 CEO로서 쌓은 공헌은 1998년 브랜딩 컨설턴트 앨런 브루가 월스트리트저널과 인터뷰하며 잘 갈무리해 주었다: '빌 게이츠는 마이크로소프트 그 자체입니다. 마이크로소프트라는 회사의 전체적인 성격은 이 호전적이며 젊고 거만한 리더의 모습 속에 있는 유전자처럼 꼭 닮아 있지요.'

실수도 교훈으로 삼아라

'당신에게 불만을 이야기하는 고객으로부터 배우는 것이
가장 많을 것입니다.'

— 빌 게이츠, '마이크로소프트@생각의 속도' 1999년작

다수의 세계적인 운동선수들은 자신의 가장 위대한 승전으로부터 오는 만족감은 그리 오래 가지 않는다고 말한다. 다음 대회에서 더 좋은 기록을 세우고자 하는 욕망은 승리의 기쁨을 다시 맛보기 위해 서라기보다는 실패를 피하기 위한 것이라고 할 수 있다. 게이츠도 그와 비슷한 생각을 하였다. 성공에만 심취해 있는 것은 게이츠의 성격에 맞지 않았다. 대신 그는 그 다음 도전을 향해 몸을 돌렸다. 그의 1995년작 저서에서 그는 이렇게 썼다: '성공이란 무능한 교사다. 똑똑한 사람들을 데려다가 그들에게 실패하지 않을 거라고 가르친다.'

저서 출판 1년 전 플레이보이지와 진행한 인터뷰에서도 그는 비슷한 발언을 했다. '두려움을 항상 가까이 하고 지내야 하지만 그것이 겉으로 드러나서는 안 됩니다. 저 또한 수면 아래의 보이지 않는 두려움을 가지고 있습니다. 저는 제가 실패할 지도 모른다는 상상을 주

기적으로 합니다.' 그렇기 때문에 보통 사람들은 탁월하다며 칭송할 만한 일이다 하더라도 게이츠는 항상 자신의 업적을 극단적으로 비평하는 객관적인 시각을 유지할 수 있었다. H.W. 브랜즈 작가는 1999년작 저서(Masters of Enterprise)에서 현대의 창업정신을 조사하며 게이츠의 과거 발언을 실었다: '저는 항상 우리가 잘못한 부분에 대해 검토하는 것을 중요하게 생각해왔습니다. 우리는 성공한 프로젝트에 대해서는 되돌아보지 않습니다. 하지만 잘 되지 못한 부분에 대해서는 지독하게 분석합니다.'

세계에서 제일 가는 소프트웨어 회사를 키워내고 세계에서 가장 부자가 된 게이츠에게도 회상할 만한 실수는 있다. 마이크로소프트의 성장 초기에 그가 한 가장 큰 실수는 유타주에 위치해 있던 소프트웨어 업체인 노벨(Novell)에 근거리통신망(LAN; Local Area Network) 기술 부문에서 우위를 빼앗겼던 일이다. 근거리통신망은 임의의 지역 내에 설치된 다수의 컴퓨터가 동시에 사용할 수 있는 통신망이다. 이전 세대에서 널리 사용되었던 메인프레임 모델의 대체형으로써 이제 막 형성되던 개인컴퓨터 시대에 LAN 기술은 무척 중요했는데 게이츠는 이 기술을 놓쳐버린 것을 두고두고 후회했다.

또 다른 눈에 띄는 실패로는 마이크로소프트의 마스코트였던 '밥(Bob)'이 있다. 밥은 1990년대 말 사용자에게 도움말을 제공하기 위해 회사에서 만들어낸 만화 캐릭터였는데, 이 기능을 실행하기 위해서는 높은 사양의 부품을 필요로 했기 때문에 사용자들에게 도움을 주기보다 오히려 방해를 하게 되어 실제로는 큰 인기를 얻지는 못했다. 이 일에 대해 게이츠는 일반적인 사용자들이 요구하는 것보다 너무 많은 기능을 제공하려 했을 뿐이라고 결론지었다.(공교롭게도 밥 프로젝트의 담당자는 이후 게이츠의 부인이 된 멜린다 프렌치였으니, 게이츠가 이 프로젝트의 실패로 인해 그녀를 지나치게 비난하지는 않았길 바란다.)

하지만 게이츠에게 여러 번의 실수는 그 이후에 더 나은 결과를 내기 위한 기회로 작용했다. 1998년 그는 이렇게 말했다:

'기업들은 좋은 소식을 빨리 대중에 알리려고 하는 경향이 있습니다. 이러이러한 고객을 얻었다, 이러이러한 프로젝트가 좋은 성과를 내었다 등등 말이지요. 문제는, 좋은 소식에는 그 다음 단계가 없다는 것입니다. 하지만 나쁜 소식에는 사후 조치가 이루어져야 합니다. 나쁜 소식에 대해 빨리 조치를 취할수록 기업은 더 나아질 것이고, 나쁜 점을 흡수하여 좋게 바꿔야 하며, 회상하고 검토하여 제대로 조사가 이루어지게 해야 합니다.'

인터넷: 마이크로소프트가 놓칠 뻔한 기술

'어떨 때는 저희도 미리 예측하지 못하는 순간들이 있습니다. 예를 들어 인터넷의 경우, 우리의 신제품 개발 우선순위 중 다섯 혹은 여섯번째에 있었던 것입니다.'
— 빌 게이츠, 1998년

2000년대 초반이 되었을 무렵 마이크로소프트의 인터넷익스플로러 웹브라우저는 시장 점유율의 거의 전체를 점유하고 있었다. 파이어폭스나 구글의 크롬과 같은 신규 경쟁 서비스도 이후 지분을 조금이나마 나누어 가지게 되었지만 그 중에서도 인터넷익스플로러는 사용자들에게 가장 많이 알려진 서비스로 자리잡았다. 하지만 1990년대 중반의 인터넷은 마이크로소프트만 늦게 도착해 버린 큰 잔치와도 같았기 때문에 하마터면 지금의 시장구도가 달라질 수도 있었던 일이었다. 한편으로는 오만은 누구의 발목을 잡아버릴 수도 있다는 교훈을 주기도 하고 다른 한편으로는 중요한 순간을 놓치지 않는 게이츠의 비즈니스 감각을 보여주는 일화이기도 하다.

인터넷의 기원

오늘날 우리가 알고 있는 인터넷의 시초는 1960년대 미국 국방부 산하 연구소 내에서 서로 떨어진 건물들에서 근무하는 직원들의 소통을 위해 만들어진 알파넷(ARPANET)이다. 처음부터 대중의 사용을 염두에 두고 만들어진 것은 아니었다. 개인이 컴퓨터를 소유한다는 개념도 꿈만 같았던 시절, 일반 대중들이 세계의 정보가 모여진 곳에 동시 접속을 한다는 생각은 공상과학이나 마찬가지였다.

마이크로소프트를 필두로 모든 가정의 책상들에 컴퓨터를 올려놓겠다는 비전은 점점 현실에 가까워지고 있었지만 상호접속이 가능한 통신망은 아직 거대하고 자본이 풍족한 조직들 외에는 갖출 수 없는 것이었다. 하지만 1989년 영국의 컴퓨터과학자이자 유럽원자핵연구소(CERN) 출신인 팀 버너스-리가 지각변동을 일으켰다. '하이퍼텍스트'를 포함한 문서들이 서로 이어져있어 브라우저를 통해 읽을 수 있는 체계를 만들어낸 것이다. 이후 2년 안에 월드와이드웹이 전격 공개되었고, 일반 대중들은 인터넷 혁명을 맞았다.

이 시기의 마이크로소프트는 기업에서 사용할 실용적인 프로그램을 공급하는 데에서 개인용 프로그램을 공급하는 업체로 탈바꿈하기 위한 변화기에 있었다. 그렇기 때문에 큰 조직에서나 사용하던 인터넷이 갑자기 수십억명의 사용자들의 놀잇감으로 떠오르자 미처 빠르게 대응하지 못한 면이 있었을 것이다. 이유가 어찌되었든, 1995년 마침내 게이츠가 인터넷에 대응하지 못하면 망한다는 위기감을 가질 때까지 마이크로소프트는 인터넷 관련 서비스 개발에 관심을 두지 않고 있었다.

같은 해 5월 게이츠는 '인터넷이라는 거대한 파도'라는 제목의 사내용 문서를 전 직원에게 돌렸다. 그 문서에서 게이츠는 인터넷을 '1981년 IBM의 개인컴퓨터 이후 가장 중요한 단 하나의 서비스'로 묘사했다. 마이크로소프트는 이것을 무시할 여유가 없었다. 그는 계속하여 이렇게 썼다. '인터넷은 거대한 파도입니다. 세상의 법칙을 바꿀 것입니다. 대단한 기회이자 도전이 될 것입니다.' 그는 그의 조바심을 교묘히 감추었다. 약 2년 후 그는 당시 회사 분위기는 몹시 불안해 있었다고 회고하며, 대응이 늦긴 했지만 결국 경각심을 가졌으니 마이크로소프트의 신경 체계는 제대로 작동하고 있다는 것을 증명하는 일이라며 위안을 삼았다.

게이츠는 개발팀을 여느 때보다도 심하게 밀어붙여 몇 개월 후 마이크로소프트가 자체개발한 웹브라우저인 인터넷익스플로러를 출시하였다. 윈도우 내에 포함시켜 판매하자 인터넷익스플로러는 곧 세계에서 가장 많이 쓰이는 브라우저가 되어 그 이전의 업계 1위였던 넷스케이프를 제쳐버렸다. 어떤 이들에게 마이크로소프트는 자신의 시장 지배력을 이용하여 경쟁사를 몰아내는 모습에 학교의 불량학생을 떠올릴 수도 있었다. 마이크로소프트의 이러한 강력한 판매 정책은 결국 이후 미국 법무부의 반독점 위반 수사를 불러올 수밖에 없었다. 반독점법 위반 혐의가 확정되고 거대한 액수의 벌금형을 받았지만 그동안 이로 인해 벌어들인 수익과 비교하면 얼마 되지 않았다. 하마터면 인터넷 혁명이 마이크로소프트의 존재감 없이 이루어질 뻔했지만 게이츠는 적절한 시점에 자신의 실수를 깨달았고 마이크로소프트를 계속 선두주자의 자리에 앉힐 수 있었다.

1997년 게이츠가 워싱턴에서 한 연설이 특히 유익하다. 인터넷의 호황에 대하여 그는 이렇게 설명했다. '지금 이 현상과 가장 비슷한 것은 아마도 19세기 때의 골드러시일 것입니다. 모두들 달려가서 각자의 몫을 챙기고, 실제로 많이들 성공한 것이지요.'

경쟁사를 주시하라

'구글이든 애플이든, 혹은 다른 무료 프로그램이든 우리에겐 언제나 위협할만한 경쟁상대들이 도사리고 있습니다.'

— 빌 게이츠, 2010년

게이츠가 가진 극도의 경쟁심이 마이크로소프트를 최고의 자리로 올려놓았다는 것은 의심의 여지가 없다. 유년 시절 휴가지에서 벌였던 미니 올림픽에서의 달리기 경주에서도, 학창시절 어린 폴 앨런과의 체스 게임에서도, 이후 스티브 잡스와 시각적 사용자 화면 (GUI) 개발을 놓고 벌인 소송전에서도 그는 승리자가 되어야만 만족하였다. 다른 위대한 전사들과 마찬가지로 그는 항상 경쟁자의 약점을 파악하려 애썼다.

그는 시야에 들어오는 모든 경쟁자들을 없애려 한 것은 아니었다. 그는 그 과정에서 자연스럽게 조력자가 될 수 있는 우군도 찾아내는 감각을 가지고 있었다. 그에게 필요한 첫 발을 내딛기 위해 그는 MITS에 접근했었고, 소프트웨어 산업에 본격적으로 뛰어들 준비가 되었을 때 그는 그 당시의 컴퓨터 산업을 이끌던 IBM과 거래를 성사시켰다. 때로는 그의 목적에 맞을 때면 애플과 손을 잡는 일도 있었다. 그의 1995년작 '미래로 가는 길'에서 그는 이렇게 썼다: '우리의 성공은 사실 애초부터 파트너쉽을 바탕으로 이루어진 것이었다.'

게이츠는 경기장 안의 모든 경쟁자를 제거하기보다는 그들을 가까이서 주시하는 방법을 택했다. 그리하여 자신에게 도움이 될 때는 함께 협력하기도 하고 그들보다 앞서가는 기술을 개발하면 곧바로 파악한 후 상대방의 장점을 차단하고 자신이 다시 우위로 올라올 수 있었던 것이다. 2008년 CNN과의 인터뷰에서 그는 이렇게 말했다: '모든 유능한 자본주의적 기업들은 매일 아침 일어나서 이렇게 생각합니다. "어떻게 하면 더 좋은 제품을 만들 수 있을까? 경쟁사들은 어떤 장점을 가지고 있나? 우리는 이 제품을 더 싸게, 좋게, 간단하게, 빠르게 만들어야겠다."'

그의 사업 감각은 실로 예리해서 경쟁사들의 장점을 본따는 일 뿐 아니라 경쟁사들이 내부적으로도 미처 발견하지 못한 잠재적인 장점까지도 찾아낼 줄 알았다. 그는 1996년 뉴욕타임즈지에 기고한 글에 이렇게 썼다:

'우리는 경쟁사들의 단점보다는 장점에 더 집중합니다. 어떤 회사가 완벽하지 못한 부분이 많다고해서 중요한 경쟁자가 아니란 법은 없습니다. 그 회사는 중요한 무언가를 하고 있지만 어쩌면 그 회사는 그 일이 중요한 지 미처 알아차리지 못하고 있는 것일지도 모릅니다.'

게이츠는 그의 비전이 타 회사들과 다르다 하더라도 뚝심있게 주장해왔다. 마이크로소프트의 생각들이 다른 모든 회사들과 너무나 달라 직원들이 불안해 할 때도 게이츠는 개의치 않았다. 어떤 아이디어를 아무도 몰라줄 때 그 아이디어에 오류가 있는 지 스스로 의심하는 일은 없었다. 과거의 위대한 발명가들과 창업자들과 같이 게이츠는 다른 사람들은 아무도 몰라보는 어떤 영감을 찾기 위해 노력했다. 1995년 게이츠는 마이크로소프트의 성공을 이렇게 평했다: '당시의 대기업들이 놓치고 있던 아이디어를 우리가 가지고 있었습니다.'

이 발언은 그러나 경쟁에 있어 게이츠가 보지 못하는 점을 알려준다. 스티브 잡스 그리고 수많은 자수성가형 리더와 마찬가지로 게이츠는 자신의 회사가 거인이 된 후에도 그것을 느끼지 못하는 점이다. 그래서 그의 회사가 '다윗'이었을 때는 용감하고 치기어렸을 만한 행동이 '골리앗'이 된 후에도 이어져서 결국 학교에서 약자를 괴롭히는 불량학생이 되고 마는 것이다. 1995년 그는 이렇게 해명했다. '밖에서 보는 마이크로소프트와 안에서 느끼는 마이크로소프트의 이미지는 너무나도 다릅니다. 마이크로소프트 안에서 보는 마이크로소프트는 언제나 약자입니다.'

마이크로소프트는 이미 고지를 단단히 점령하고 있는 현실 앞에서 그의 발언은 모순적으로 들리지만 게이츠가 본인에 대해 어떻게 생각하는 지 엿볼 수 있기도 하다. 덩치 큰 친구들에 맞서 싸우는 연약한 소년이자 성공하기 위해 무엇이든 하는 모습이다.

마이크로소프트 대 애플

'그들(마이크로소프트)에게는 취향이란 것이 없어요. 사소한 면에서 그러하다는 것이 아니라, 중차대한 면들에서요. 그들에겐 독창적인 생각이 없고 제품에 회사의 분위기를 반영하지도 않습니다.' — 스티브 잡스, 1996년

게이츠의 커리어에서 스티브 잡스만큼 영향을 끼친 경쟁 상대는 없었다. 둘의 관계는 지난 40년간의 정보기술 혁명에서 뿐 아니라 상업의 역사 전체를 통틀어 가장 흥미롭다고 할 만 했다.

중요한 몇 가지 면에서 보면 두 사람은 닮은 점이 많았다. 둘 다 미국의 꽤 풍족한 환경에서 자랐고 일찍부터 재능을 발휘했으며 자신의 꿈을 좇기 위해 대학교를 중퇴하여 당시 형성되고 있던 새로운 산업에 뛰어들었다. 더불어 두 사람 모두 지도자가 되는 것을 좋아했고, 날카롭고 무자비함으로 명성을 얻으며 그들과 일하는 동료에게서도 최고의 자질을 요구했다. 그리고 물론 두 사람 모두 자신의 사업을 세계적인 대기업으로 성장시키며 그 과정에서 상상하기 힘든 재산을 축적하였다.

어쩌면 그들도 서로(상대방이 자신과 닮은 점을 일찍이 깨달았기에 더욱 불타는 경쟁심을 태울 수 있었는 지도 모른다. 잡스는 오랜 기간에 걸쳐 게이츠의 점잖은 컴퓨터 전문가의 이미지에 반하는, 자유로운 무법자 이미지를 구축해왔다는 사실도 겉으로 보이는 둘의 관계에 도움이 되지 않았다. 서로 부딪힘에도 불구하고 둘 사이에는 어떤 화학 작용이 있어서 순수한 우정으로 때로는 경쟁관계로 발전

하였다. 친구를 가까이 하고 적은 더욱 가까이 하라는 명언이 있다. 두 사람의 경우에는 친구나 적이라는 단어로 관계를 설명하기가 어려운 면이 있다. 서로가 성취한 것을 진심으로 존경하게 되었기 때문이었다.

과하게 해석할 일은 아니지만 두 사람에게는 기본적인 가치관의 차이도 있었다. 잡스는 그가 만든 제품의 목적이 개인 사용자가 '다르게 생각'하는 일을 할 수 있도록 도와주기 위함이라고 홍보하였지만 게이츠는 초기에 개인보다는 기업의 사용성에 충실하였다. 그리고 잡스는 심미적인 눈을 가졌던 데 반해 게이츠는 기능적인 면에서 강점을 보였다. 그들의 컴퓨터에 대한 접근 방식은 달랐지만 서로의 존재가 서로를 더욱 돋보이게 한다는 것을 본능적으로 이해하고 있었다. 두 회사는 같은 시장을 향해 구애를 했지만 만약 한 회사가 존재하지 않았다면 컴퓨터 시장 자체가 훨씬 작았을 것이다. 컴퓨터 산업은 두 회사를 품을 수 있을만큼 충분히 성장해 있었다.

> '저는 스티브의 심미적 취향이 무척 부럽습니다.'
> — 스티브 잡스에 대한 빌 게이츠의 발언, 2007년

둘 중에서 공공장소에서 더 적대적으로 대한 것은 이 섹션 첫머리의 인용구처럼 스티브 잡스 쪽이었다. 마이크로소프트를 한 기업으로서 게이츠를 한 인물로서 공격할 기회가 있을 때마다 잡스는 그 유

혹을 쉽게 뿌리치지 못했다. 잡스는 게이츠를 일컬어 '그가 젊었을 때 한번이라도 마약을 해보았거나 동양에서 수행을 해 보았더라면 지금 그는 더욱 넓은 눈을 가졌을 것'이라고 말한 일도 있었다.

　이 두 기업이 사실상 가까운 협력관계에 있었다는 것은 더욱 놀랍다. 게다가 제 3자가 보기에는 애플이 마이크로소프트를 더욱 필요로 하는 것처럼 보였다. 1982년 마이크로소프트가 맥 컴퓨터에서 쓸 수 있는 스프레드시트, 데이터베이스, 그래픽 프로그램을 개발하는 계약을 따냈을 때의 잡스를 생각해 보면 된다. 게이츠는 넓은 도량으로 1984년 연설에서 이렇게 말했다:

　'새로운 기준을 만들려면 약간 다른 것이 아니라 정말 새롭고 사람들의 상상력을 구현하는 무엇인가가 필요합니다. 그리고 맥킨토시야말로 제가 지금껏 목격한 그 어떤 기계보다도 그 기준을 충분히 달성하고 있습니다.'

　하지만 마이크로소프트가 애플을 한참 제치고 상업적 성공을 거두자 게이츠와 잡스의 관계는 서서히 악화되었다. 이것은 잡스에게 훨씬 안좋은 상황이었다. 왜냐하면 애플은 워드나 엑셀 같은 마이크로소프트의 제품 없이는 큰 어려움에 직면할 것이 뻔했던 반면, 마이크로소프트는 애플이 한순간에 사라지고 또 다른 컴퓨터 업체가 그 자리를 차지한다 하더라도 전혀 불편할 것이 없었고 그 신생 업체조차도 마이크로소프트의 제품을 필요로 할 것이기 때문이다.

　잡스의 전략은 그의 성격대로 상대를 공격하는 것이었다. 그의 전술은 마이크로소프트가 윈도우 개발 과정에서 맥의 GUI를 베꼈다며 소를 제기한 데서 엿볼 수 있다. 그 소송건으로 인해 두 회사의 관계는 친근해질 수가 없었고 양측의 변호인단은 몇 년 동안 특허와 저작권 문제로 지리한 싸움을 이어가야만 했다.

스티브 잡스가 애플에서 불명예스럽게 쫓겨난 후 12년이 지나 애플의 수장으로 1997년 재취임했을 때 쯤 잡스와 게이츠의 관계는 부드러워졌다. 나이가 들고 수십억 달러가 통장에 들어있으면 그렇게 될 만도 할 것이다. 잡스가 돌아왔을 때 애플은 초기의 최신식 기술을 자랑하던 시절의 흔적만 남아있고 업계에서는 애플의 빛나는 날이 이미 지나갔다고 확신하고 있었다. 잡스는 회사가 처한 현실을 깨닫고 그의 오랜 정적에게 겸손의 손을 내밀었다.

마이크로소프트는 1억 5천만 달러 어치의 애플 주식을 사들였고 애플 컴퓨터와 호환 가능한 마이크로소프트 제품을 계속 개발하기로 합의하였다. 이것은 애플이 주요 기업으로 다시 일어나기 위한 힘이 되기도 했고, 세계 컴퓨터 산업의 선두주자인 마이크로소프트가 투자함으로써 일반 대중들에게도 애플에 대한 기대를 높여주었다. 잡스 또한 마이크로소프트의 투자를 공개적으로 환영했다: '세상은 이제 좀 더 좋은 곳이 되었습니다.' 그러나 1997년 맥월드 박람회에서 게이츠의 얼굴이 영상에 보이자 애플 광신도들은 누가 먼저랄 것도 없이 영상을 향해 야유를 보내기 시작했다. 수년동안 잡스가 게이츠에 대해 내뱉은 독이 퍼진 결과였고, 먹이를 주는 손을 물어버리는 부끄러운 장면이었다.

　게이츠와 잡스의 '제록스 팔로알토 연구소에서의 도둑질'에 대한 대화에서처럼 빌 게이츠는 사적인 자리에서는 상대방을 괴롭힌다기보다는 잡스에게 당한 만큼만 되돌려 주는 식이었다. 그리고 그는 공적인 자리에서는 계속해서 잡스에 대하여 좋은 말만 하였다. 예를 들어 1998년 산호세대학교에서의 연설에서 게이츠는 이렇게 이야기하였다:

　'영감을 주는 리더를 꼽자면 저에게는 스티브 잡스가 최고입니다. 그는 사람들이 원래 해야할 일보다 더 많이 열정적으로 하게 만드는 능력을 가지고 있습니다. 너무 대단한 힘이기 때문에 그는 남용하지 않도록 조심해야 할 것입니다. 그는 일류 마술사고 저는 이류 마술사입니다.'

　2007년 빌 게이츠와 스티브 잡스는 월스트리트저널지가 주최한 행사에서 눈에 띄게 다정한 모습으로 같은 무대에 오른 일도 있었다. 서로의 다른 방식을 존중하고 칭찬하는 말투로 게이츠는 이렇게 말했다. '그가 일을 하는 방식은 정말 남다르고 꼭 마법을 부리는 것 같습니다.' 그리고 잡스의 생애가 끝나갈 때 쯤-잡스는 오랜 암투병 끝에 2011년 젊은 56세의 나이로 세상을 떠났다-게이츠는 잡스의 자택을 찾아 여러 주제에 대해 허심탄회하게 이야기하고 그들의 롤러코스터와도 같았던 이력을 회상하였다. 벽에 붙은 파리가 되어 그들의 대화를 엿들었다면 정말로 흥미진진했을 것이다.

> '스티브와 저는 거의 30년 전에 처음 만나서 인생의 반이 넘는 기간 동안 동료이자 경쟁자로, 또 친구로 살아왔습니다. 스티브만큼 몇 세대를 걸쳐 세상에 심오한 영향을 주는 인물은 매우 드뭅니다.'
>
> — 빌 게이츠, 스티브 잡스가 세상을 떠난 후

그들의 경쟁은 서로 더 높은 곳을 오르도록 해주었다. 개인용 컴퓨터를 한 번이라도 사용한 사람이라면 두 사람에게 감사해야 할 일이다. 그들의 전투는 때로는 험악했지만 말미에는 둘 모두 승리자가 되었다. 두 사람 모두 1970년대부터 계속된 정보기술 혁명에 각자의 역할을 톡톡히 해냈다. 잡스의 말을 빌리자면, 두 사람 모두 '우주에 강력한 구김살'을 만들어냈다. 가장 흥미로운 점은 아마도 그들이 남기는 유산이 지금 사람들이 기대하는 것과 다를 지도 모른다는 일이다. 1990년대 중반에는 마이크로소프트가 상업적으로 승리한 것처럼 보였지만 2010년에는 애플의 시가총액이 마이크로소프트의 그것을 뛰어넘어 세계에서 가장 가치가 높은 정보기술 기업이 되었다. 잡스가 만들어낸 21세기 최고의 제품들인 아이팟, 아이폰, 그리고 아이패드 덕분이었다. 한때는 스티브 잡스가 사람들 사이에 연예인처럼 인기가 많았지만 게이츠가 세계 최고의 자선사업가의 행보를 계속 걷다 보면 잡스보다도 높은 인망을 얻게될 지도 모르겠다. 게이츠는 잡스의 지적처럼 마약을 했든 안 했든 결국 거대한 인물이 되어 있었다.

> # 비즈니스는
> # 비즈니스다
>
> ---
>
> '사업은 좋은 게임입니다. 경쟁은 많고 법칙은 거의 없어요.
> 오직 돈으로 점수를 매깁니다.'
>
> — 빌 게이츠, 1996년

빌 게이츠가 자신이 쌓은 막대한 재산으로 얼마나 좋은 일을 하든-물론 그가 이미 많은 선행을 했지만-그 재산을 형성하는 과정에서 게이츠는 사정 없이 사업에 임했다. 보랜드라는 소프트웨어 회사의 창업주인 필리페 칸은 이렇게 그를 묘사했다. '게이츠는 손에 꼽을 정도로 뛰어난 사업 수완을 가졌습니다.'

게이츠는 자신의 정체성을 컴퓨터 과학자로 규정할 지 모르지만 그는 분명 세기가 낳은 위대한 CEO 중 한 명이기도 하다. 프로그램 개발자로서의 재능과 회사의 수장으로서 재정 상태와 수천명의 직원을 관리하는 일을 그토록 오랫동안 균형있게 발전시킨 것은 대단한 일이다. 하지만 그는 앨런과 마이크로소프트를 창립하던 순간부터 이미 기술자 겸 사업가로서의 역할을 맡을 마음의 준비를 하고 있었다. 그는 1993년 이렇게 설명했다. '제 생각에 마이크로소프트의 성공 비결은 이 두 가지가 관계성이 있고 서로가 서로를 보완한다는 것을 이해했기 때문입니다.' 워런 버핏은 이렇게 말한 적이 있다. '만약 빌이 핫도그를 팔았다면 지금쯤 세계의 핫도그 사업을 손에 쥐었을 것입니다.'

게이츠는 항상 사업에 단순한 태도를 취했다: '사업은 아주 간단한 일이라고 생각합니다. 수익과 손실. 매출에서 원가를 빼면 큰 숫자가 남지요. 산수 자체는 꽤 단순합니다.' 그가 스티브 발머와 하버드의 경영대학원 강의를 수강한 것이 헛된 일은 아니었던 모양이다. 단순하게 사업을 운영하는 동안에 그는 실제로 놀라운 성과를 올렸다. 2014년 말이 되자 마이크로소프트는 애플 다음으로 세계 두 번째로 가치가 높은 회사가 되어 그때의 시가총액은 4조1천억 달러였으며 직원 수는 13만 명에 달했다.

하지만 마이크로소프트의 진정한 전성기는 게이츠가 CEO로 재직하던 때였다. 1975년에 몇천 달러를 받고 두명이서 코드를 개발하여 MITS에 팔아 사업을 일으킨 게이츠는 1997년 마침내 시장 가치 2조 6천억원을 달성하며 마이크로소프트를 세상에서 가장 큰 회사로 만들어냈다. 누군가 잉여 자본과 냉철한 감각으로 마이크로소프트가 주식을 상장한 1986년에 그들의 주식 100주를 2100달러를 내고 투자하였다면, 마이크로소프트의 주가가 최고가를 경신한 1999년 말에는 140만 달러의 수익을 벌었을 것이다. 같은 해 12월 30일에는 전세계에서 가장 높은 시가총액을 경신하여 6조 1800억 달러의 기록을 썼는

데, 이 기록은 2012년 8월 20일 애플이 시가총액 6조 2300억 달러로 깨졌다.

게이츠는 천문학적인 숫자들에 길게 심취해 있지 않았다. 성공으로 인해 거만해지는 것을 끝없이 경계하며 그는 회사의 전망은 낙관적으로 바라보았다. 그는 1997년 뉴욕타임즈에 이렇게 기고했다. '마이크로소프트는 영원하지는 못할 것입니다. 모든 회사는 실패합니다. 그게 언제냐가 문제일 뿐입니다. 저의 목표는 물론 제 회사를 최대한 오래 생산성 높게 유지하는 것입니다.'

최종 손익 결과에 신경을 써라

CEO로서 게이츠는 회사 돈으로 절대 과도하게 무책임한 지출을 하지 않았다. 결국 억만장자들의 궁극적인 놀잇감인 개인 비행기를 구매하긴 했지만 그는 그러함에도 불구하고 회사의 손익 결과를 항상 주시하고 있었다. 예를 들면, 버핏의 칭송을 받을만한 일로 그는 원한다면 항공사를 인수할 만한 재력이 있음에도 불구하고 비행할 때 일반석을 구매했다. 1995년 그는 이렇게 말했다. '일반석은 저렴합니다. 그런데도 도착지까지 걸리는 시간은 일반석을 타나 일등석을 타나 동일합니다. 제 몸도 일반석에 맞고요. 제 체구가 많이 크거나 키가 컸다면 이 문제를 다르게 바라봤을 지도 모르지만요.'

이사회에서의 게이츠는 무자비했다. 그는 몇명을 희생시키고서라도 절대적으로 이익이 되는 거래를 하기 위해 애썼다. 일화를 하나

들자면 그는 어린 시절 그의 누나인 크리스티에게 사업 제안을 한 적이 있다. 그녀는 빌이 부러워하던 야구 장갑을 가지고 있었다. 그는 새 장갑을 살 여유가 없었기에 누나에게 5달러를 주며 무제한으로 그리고 단독으로 그가 원할 때 그 장갑을 사용하게 해 달라는 제안을 하였다. 그는 계약 조항을 실제로 써서 그녀에게 서명하도록 했다.

그는 어렸을 때의 이러한 경험을 삼아 성인이 되었을 때 활용하였다. 그는 상업적인 거래에서 최대한 이득을 얻짜내는 데 전문가가 되었고 반대로 일이 잘못되었을 때 자신을 보호하는 기술도 연마했다. 잠재적인 실패를 하나씩 이겨낼 때마다 그는 다음에 맞닥뜨릴 도전을 위하여 그 경험을 복기하고 배워나갔다.

게이츠와 앨런이 합심하여 이루어낸 MITS와의 거래는 마이크로소프트를 소프트웨어 회사로서 중요한 첫 단계를 밟도록 도와주었지만 안타깝게도 두 회사의 관계는 그 후에 틀어져 게이츠는 가혹한 상업의 현실을 맛보게 되었다. 문제의 발단은 해당 계약서에 들어있던 문구로, 마이크로소프트가 MITS를 위해 개발한 BASIC 번역기를 MITS가 '최선을 다해서' 홍보할 의무가 있다는 것이었다. 게이츠와 앨런은 BASIC 번역기를 적은 금액에 파는 대신 하나가 판매될 때마다 로열티를 받기로 되어 있었다. 하지만 해당 프로그램을 불법 복제하여 사용하는 경우가 흔하여 게이츠가 느끼기에는 MITS가 적극적으로 제품 홍보할 동기를 잃었다고 여겼다. 그래서 그는 저작권을 되찾기 위해 나섰다.

당시에는 펄텍이라는 회사가 MITS를 인수한 상태였고, 계약에 대한 조정이 이루어지는 동안 펄텍은 마이크로소프트에게 로열티를 주지 않았다. 1996년 게이츠는 포춘지에 이렇게 말했다. '펄텍은 우리를 기아로 몰아가고 있었습니다.' 게이츠는 합의에 거의 다다랐다가 결국 끝까지 싸우기로 결정했다. 중재자는 펄텍과 MITS의 행태를 좋게 보지 않았고, 마이크로소프트의 손을 들어주었다. 게이츠는 BASIC 번역기에 대한 라이센스를 다른 회사들에 팔 권리를 되찾았을 뿐 아니라, MITS와의 관계가 끝난 이상 회사를 뉴멕시코주에 둘 이유가 없어졌다고 판단했다. 힘든 상황에서 최대한 이득을 얻어낸 게이츠와 앨런은 고향인 워싱턴주로 돌아가기로 했다.

게이츠와 같이 길고 극적인 이력을 가졌다면 어쩔 수 없이 불발에 그친 거래도 있기 마련이다. 애플과 때로는 삐걱거렸던 여정 이외에 마이크로소프트와 사이가 틀어진 회사로는 IBM이 있다. 1980년대 말 MS-DOS의 후속작인 OS/2를 개발하던 시기에 일이 일어났다. 게이츠는 1996년 다큐멘터리 '너드들의 승리(Triumph of the Nerds)'에서 이렇게 회상했다. '사람들은 IBM이 산업 전반에 얼마나 크고 넓은 영향을 끼치고 있는지 쉽게 잊었습니다. IBM과 마이크로소프트의 관계는 언제나 문화적 충돌이었습니다. IBM 사람들은 단추를 끝까지 채운 회사원들이었습니다.'

부분적으로는 IBM 프로그래머들이 그들이 할당된 것보다 많은 일을 한다고 느끼는 점이었다. 반면 게이츠는 만약 마이크로소프트 프로그래머들이 코드를 덜 쓰고 있다면 그것은 게을러서가 아니라 효율이 높기 때문이라고 반박했다. 더 큰 문제는 운영체제에 대한 두 회사의 본질적인 시각차였다. 게이츠는 다른 회사의 하드웨어와 소프트웨어 개발자들이 자유롭게 이용할 수 있는 개방형 플랫폼을 만들기 원했다. 이는 그가 폴 캐롤 작가의 1994년작 저서 '빅 블루스 : IBM의 모든 것 (Big Blues: Unmaking of IBM)'에서 말한 '마이크로소프트의 저가, 고물량 정책으로 우리의 경쟁사를 포함한 어떤 회사라도 개방된 윈도우 플랫폼 안에서 구동 가능한 소프트웨어를 개발하고 하드웨어를 만드는 것이 가능'하도록 만드는 정신과 궤를 같이 한다. 그의 시각은 IBM의 '고가, 저물량, 독점적'인 정책과 반대였다. 이렇게 합의하기 힘든 차이점 때문에 IBM이 1992년 마이크로소프트와 전격 이별한 것이 놀랍지 않다. 이 경험으로 게이츠는 타격을 입었지만 곧바로 일어나 그의 정책을 밀어붙이며 회사를 성장시켜 나갔다. 역사가 알듯이 세계를 정복한 것은 OS/2가 아니었다.

창업자로서의 게이츠는 꼭대기에 올라갈 때 까지 몇번의 시련을 겪었지만 결코 전투를 피하지 않았고, 지더라도 더욱 강해져서 일어났다. 그의 투지는 1994년 미국 정부의 반독점법 수사가 그의 경쟁적인 본능을 꺾을 지 물어본 질문에 대한 대답에서 잘 드러난다: '제가 총소리를 두려워하려면 수술이라도 거쳐야 할 것입니다.'

마이크로소프트와 독점

'여러분도 아시다시피 독점기업의 정의는 한 기업이 새 기업의 진출을 막고 일방적으로 가격을 통제하는 것입니다. 마이크로소프트가 그 두 가지를 다 할 수 있는 능력은 없습니다.'
— 빌 게이츠, 1998년

1975년 마이크로소프트가 창립되었을 때의 구성원은 세상을 정복하고자 하는 두 명의 무명인 뿐이었지만 그들의 성공은 빨리 찾아왔기 때문에 마이크로소프트가 약체였던 기간은 짧았다. 몇년 안에 마이크로소프트는 영향력을 주변에 휘두를 수 있을 정도로 성장했다. 갑자기 마이크로소프트가 아니라 다른 회사들이 약체가 되었고 그들은 마이크로소프트의 사업 행태에 대하여 비판하기를 망설이지 않았다. 그리하여 마이크로소프트는 세계 여러 국가에서 반독점법에 발목을 잡혔고 그 과정에서 수십억 달러의 벌금을 지불해야만 했다. 하지만 게이츠는 언제나 마이크로소프트가 상대방의 목을 졸랐기 때문이 아니라 단지 더 유능했을 뿐이라는 입장을 고수했다.

마이크로소프트의 반독점법 관련 소송건에 관한 기록은 남부럽지 않다. 예를 들면, 유럽연합이 반독점법 위반으로 인해 선고한 벌금 중 최고액을 기록했다. 2004년 유럽연합은 마이크로소프트가 운영체제에 윈도우즈 미디어 플레이어를 끼워 팔았다는 이유로 6억 6천 6백만 달러의 벌금을 부과했다. 유럽연합은 마이크로소프트의 코딩 중 일부를 공유하도록 선고하였으나 그것이 지켜지지 않자 2008년에 두 번째로 벌금 14억 달러를 부과했다. 2013년에는 인터넷 익스플로러

외의 브라우저를 유럽 시장에 함께 홍보하지 않아 7억3천백만 달러의 벌금을 부과하기도 했다.

하지만 마이크로소프트라는 기업의 근간을 흔들 정도로 악명이 높았던 반독점법 소송은 미국 연방 정부와 진행되었다. 법정 싸움의 기원은 마이크로소프트가 윈도우 운영체제에 인터넷 익스플로러를 미리 탑재하여 판매했다는 것이었다. 압도적으로 많은 수의 컴퓨터가 윈도우 운영체제를 사용했기 때문에 자체 웹브라우저를 탑재하는 것은 다른 경쟁사의 프로그램이 사용될 기회를 효과적으로 그리고 부당하게 차단하였고, 이 중에는 웹브라우저의 선구자인 넷스케이프도 포함되었다.

여러 번의 공판 이후 판사는 마이크로소프트를 두 개의 기업으로 분할하라는 선고를 내렸다. 하나는 개인컴퓨터용 운영체제를 맡고 다른 하나는 그 외의 프로그램, 즉 오피스와 인터넷 익스플로러 등을 맡으라는 것이었다. 하지만 마이크로소프트는 상고하여 그 판결을 뒤집었고 결국 그대로 하나의 기업으로 유지하는 것으로 미국 법무부와 합의하였다.

이 소송이 아마도 게이츠의 이력에서 가장 힘든 고비였을 것이나 그는 그의 성격대로 최선을 다해 맹렬하게 싸웠다. 그리고 자유시장 경제에 대한 게이츠의 태도와 그 체제 안에서 마이크로소프트의 위치를 알 수 있다. 1994년 미 법무부의 수사가 막 시작되었을 즈음 게이츠는 플레이보이지에 이렇게 말했다: '핵심은 바로 우리가 잘못한 것이 없다는 것입니다.' 그는 기회를 차단한다는 명목의 독점 혐의에 대해 언제나 부인했다.

예를 들어 1998년 그는 이렇게 주장했다. '인터넷의 장점은 바로 그 개방성입니다. 통제할 수 없고 독점할 수 없고 차단할 수 없습니다.' 그리고 월스트리트지에 이렇게 말했다. '우리 회사는 이 정보의 고속도로에 요금소를 설치하려 의도한 적이 단 한번도 없습니다.' 게이츠는 마이크로소프트가 성공적이었기 때문에 부당하게 조사받는 것이라고 믿고 있었다.

그의 논리는 단순했다: 마이크로소프트는 작은 회사로 시작하였지만 시장에 소비자가 원하는 제품을 제공함으로써 경쟁에서 이겼다는 것이다. 그에게 이것은 독점적인 남용이 아니라 자유 시장에서의 승리였다. 1997년 그는 이렇게 말했다: '누가 이 시장을 성장시켰습니까? 우리입니다. IBM처럼 우리보다 열배나 매출이 큰 회사의 공격에서 누가 살아남았나요?' 그는 미국 정부가 마이크로소프트의 제품이 지나치게 유용한 것을 문제삼았다고 여겼고, 시장에서의 공정한 경쟁을 위해 제품에 기능을 없애는 것에 반대했다. 기능을 뺀 제품은 사용성이 떨어지기 마련이었고, 이것은 자유 시장 경제의 원리와도 어긋난다고 보았다.

게이츠의 주장도 설득력이 있었지만 그를 비판하는 쪽에서는 마이크로소프트의 우위가 너무 확고하여 경쟁자들이 시장에 발을 들이는 것조차 힘든 현실에 주목했다. 다시 여기서 다윗과 골리앗의 이야기에 비유하자면, 처음에는 마이크로소프트도 분명 작고 빠르며 힘보다는 재치를 무기로 하는 다윗이었다. 게이츠의 마음속에서 마이크로소프트는 항상 다윗이었다. 다윗은 항상 써오던 전략을 써서 모든 경쟁자를 물리쳤다. 그러나 외부에서 보기에는 다윗이 골리앗을 밀어내고 자신이 골리앗 2호로 성장한 꼴이었다. 갑옷을 두르고 꽉 찬 무기고를 보유하고 무섭게 명성을 쌓아올린 골리앗 2호에게는 적수가 없었다. 이 전쟁터에서는 그 누구도 나설 자리가 없었다.

게이츠는 그들의 소프트웨어 매출이 높은 것 때문에 자신과 회사가 비난받을 이유가 없다고 했지만 마이크로소프트가 실제로 세상에 끼치는 영향력을 아예 모르는 것은 아니었다. 1981년 5월 로젠 리서치 PC 포럼에서 게이츠는 이미 예견하고 있었다. 마이크로소프트가 IBM과의 큰 거래를 성사시키며 드디어 소프트웨어 산업의 선두주자로 부상할 시기에 그는 이렇게 말했다:

'이렇게 말하면 곤란하지만 어떻게 보면 한 개별 제품으로써 자연스럽게 독점을 향해 가는 면이 있습니다. 누군가가 한 프로그램에 대해 제대로 문서화하고 훈련하고 홍보하면 그 가속도와 사용자의 충성심, 판매 조직과 가격 정책에 의해 이 프로그램은 시장에서 강력한 위치를 점하게 될 것입니다.'

마이크로소프트는 공격적으로 타회사를 인수하였기 때문에 독점 혐의를 받기 쉬웠다. 순수한 소프트웨어 회사로 시작하여 하드웨어와 다른 미디어 부문에 대한 관심을 넓혀나갔다. 게이츠는 소프트웨어의 다양성과 성장속도를 하드웨어 산업이 미처 따라가지 못할 것을 염려하고 있었기에 이러한 인수합병은 자연스러운 수순이었다. 한 부문을 빠르게 성장시키려면 타회사 인수가 정답이었다. 그는 1998년에 한 연설에서 마이크로소프트가 다른 회사들을 인수하는 이유에 대해 이렇게 말했다:

'많은 경우 우리가 기업들을 인수하는 이유는 어떤 시장이 아주 빠르게 성장하는 것을 발견하기 때문입니다. 우리가 사용자에게 접근하기까지 걸리는 시간과 시행착오를 줄이기 위해서지요.'

마이크로소프트가 마침내 미 법무부와 합의를 하는 것으로 반독점 위반 소송은 끝이 났지만 게이츠는 멍이 들었다. 그의 꿈인 컴퓨터 세계의 왕이 되기 위해서 그는 종종 경쟁사를 무자비하게 대했고 시장에서의 충돌을 회피하지 않았다. 하지만 합법적으로 시장 지분을 넓히는 것과 불공평하게 경쟁사를 방해하는 것을 구분하는 것은 어려웠기 때문에 논란이 끊이지 않았다.

게이츠는 실망감을 감추지 못했다. 마녀사냥을 언급하며 경쟁사들이 말벌의 벌집을 흔들도록 로비스트를 고용한 것이라고 고발했다. 반대로 미 법무부는 마이크로소프트가 법정의 권위를 모욕하는 전략을 쓴다며 비난했다. 게이츠의 개인적인 불만은 1998년의 발언에서 감지할 수 있다: '조국의 정부가 당신을 기소하는 것은 기분 좋은 경험이 아닙니다. 저는 '하하하 저는 제 마음대로 할 겁니다'하며 가만히 있지 않았습니다. 저는 고민에 빠졌고 이것은 저에게 일어난 가장

괴로운 일입니다.'

　미 법무부와의 반독점법 위반 소송이 마이크로소프트의 바닥이었을지는 몰라도 끝은 결코 아니었다. 유럽연합과의 소송 외에도 마이크로소프트는 일본과 한국을 포함한 여러 나라에서 수사를 당했고, 2014년에는 중국 정부가 마이크로소프트의 사업적 행태에 대하여 조사를 시작할 것이라는 보도가 있었다. 그리하여 아직도 질문은 유효하다: 얼마나 큰 것을 너무 큰 것이라 하는가? 이것은 게이츠와 그의 법무팀이 오랜 시간 씨름해온 수수께끼이다.

> ## 사람은 섬이 아니라는 것을 직시하라
>
> ---
>
> '신기하게도 멜린다는 저를 결혼하고 싶게 만들었습니다. 이건 보통 일이 아니었죠! 과거에 제가 결혼에 가지고 있던 이성적인 관념에 반하는 사건이었으니까요.'
>
> — 빌 게이츠, 플레이보이지, 1994년

　헐리우드 영화에서 자주 보게 되는 줄거리가 있다. 운동 잘하는 친구들은 여자친구를 얻고 괴짜들은 좋은 성적을 얻는다. 그런데 어떤 아름답고 생각이 깊은 인기있는 여학생이 사실 그녀의 미래는 지금껏 사귀던 머리에 든 것 없는 운동선수 남자친구가 아니라 공부 잘하는 괴짜와 함께 하는 것이 낫다는 것을 깨닫는 것이다. 이 이야기가 빌 게이츠의 연애사와 꼭 들어맞는 것은 아니지만 어느 정도 비슷한 점은 있다. 하지만 그의 아내는 스스로도 많은 성취를 하였으며 헐리우드 여배우보다는 영부인 미셸 오바마에 훨씬 가깝다.

　이미 기술한 바 있듯이 게이츠는 미소년이 아니었고, 브래드 피트나 조지 클루니처럼 여성들의 마음을 흔들 수 있는 외모를 가지지 못하였다. 게다가 소셜 네트워크도 없던 시절의 대부분을 컴퓨터 앞에서만 보냈기에 인맥을 쌓는것도 힘들었다. 그렇다고 게이츠가 청년 시절 여성들에게 아주 인기가 없었다는 것은 아니다. 모든 여성들이 뛰어난 미모만을 보는 것은 아니었기에 빌이 가진 소년같은 매력도 누군가에게는 효과가 있었다. 그는 운동을 매우 잘 하였고 굉장히 똑똑했으며 성격도 무난한데다 자신감이 넘쳤다. 그가 IT 세계에서 파도를 일으키기 시작하자 언론에서는 그과 그의 팔에 안긴 데이트 상대가 찍힌 사진들을 보도했다.

그 중 가장 유명한 것은 아마 실리콘 밸리의 투자를 주도하는 벤처 투자가 앤 윈블라드일 것이다. 둘은 1984년에 만난 이후 3년동안 만났다 헤어짐을 반복하였다. 그러나 게이츠는 그녀와의 연애로 인해 그의 중요한 본업인 소프트웨어 개발에 원하는 만큼 시간을 보내지 못한다고 느꼈다. 결혼 가능성이 없어지자 두 연인은 좋은 관계로 헤어졌고 그 후로도 친구로 잘 지냈다고 한다. 1993년 게이츠는 이렇게 말했다: '싱글이다 보니 연애에 제 시간을 많이 뺏겼습니다.'

게이츠가 독신주의자였던 것은 아니지만 그는 결혼이 그의 인생 계획에 들어오기까지는 아직 멀었다고 생각했다. 잊지 말자. 그가 윈블라드와 사귀었을 때는 아직 그가 10억 달러도 벌지 못했던 시점이었다! 그러므로 그가 영구적으로 누군가와 인생을 공유하게 만들려면 정말 특별한 누군가를 만나야 했을 것이다. 그리고 그는 1987년에 멜린다 프렌치라는 이름을 가진 그 특별한 누군가를 만나게 되었다. 모두의 기대를 벗어나 그는 40세 생일을 앞두고 프렌치와 결혼식을 올렸다.

 게이츠는 결혼 이후에도 그의 전문 영역에서 계속하여 능력을 발휘하였지만 그의 개인사에서는 진정한 전환점이었다. 세 자녀(제니퍼 캐더린, 1996년; 로리 존, 1999년; 그리고 피비 아델, 2002년)의 탄생이 화룡정점이었다. 그는 2010년 와이어드지에 이렇게 말했다. '결혼하고 자식을 키우는 것을 잘 해내겠다는 마음이 있다면 일에대한 광적인 집착은 어느 정도 포기해야 합니다.'

 그는 CEO로서 가장으로서나 자신의 역할을 훌륭히 해낸 것으로 보인다. 이 책을 쓰고 있는 시점에 그와 멜린다는 결혼 30주년을 맞았고 게이츠는 보는 사람들도 놀랄 만큼 쉽게 자녀들을 훌륭히 키워냈다. 가정적인 생활에 재미를 느낀 것이 비결인 것으로 보인다.

 1998년 20/20 프로그램에서의 인터뷰에서 그는 이렇게 말했다. '제 인생의 일순위는 제 가족입니다. 전 제가 언젠가 결혼을 하고 자식을 낳을 거라는 것을 알고 있었습니다. 당신도 알다싶이 가정적인 생활이라는 것은 서로의 감정을 보듬고 공유하고 서로 같은 것을 하는 것입니다.'

 그는 자녀 양육과 자선사업의 닮은 점도 찾아냈다. 2005년 그는 뉴요커지에 이렇게 말했다:

 '우리는 세계에서 사망 원인이 되는 가장 흔한 질병 20개를 추려냈습니다. 그리고 우리가 어떤 행동을 할 때마다 한 인생을 살리는 비용을 따져보고 실제로 어떤 개선 효과가 있는지 확인합니다. 즐거운 작업이고 엄청난 책임감도 느낍니다. 이것은 부모의 감정과 같습니다. 인생의 가장 중요한 일들이 으레 그렇습니다. 그렇지 않다면 매일 아침 일어날 이유가 무엇이겠습니까?'

자녀 양육과 자선사업의 겹치는 점은 재정적인 면에서도 드러난다. 게이츠는 자식들을 최대한 '보통'으로 키우기를 고집했다. 빌 게이츠처럼 부유하고 유명하며 권력을 가진 이에게는 꽤나 큰 야망이었다. 그는 자녀들이 자신의 부로써 판단받지 않기를 원했다. 게이츠 부부의 재단에 자신의 재산의 많은 부분을 쏟아부음으로써 자식들에게 돌아갈 유산이 적어지는 연계 효과도 있었다. 2011년 데일리메일지는 게이츠의 발언을 이렇게 보도했다. '자식들에게는 제가 가진 부의 아주 약간만을 남겨줄 것입니다. 그것은 그들이 자신의 길을 스스로 찾아야 한다는 의미입니다. 대신 그들은 엄청난 교육을 받을 것이고 그것은 무료일 것입니다.'

물론 게이츠의 재산의 아주 약간이라 하더라도 일반인에겐 큰 재산이다. 게이츠 가의 자녀들은 우리가 상상도 하지 못할 만큼의 유산을 받을 것이다. 하지만 아무리 그들이 부족함 없이 자랐더라도 아무런 노력 없이 유산을 상속받게 하지는 않을 것이다. 게이츠는 2008년 CNN에 이렇게 말했다:

'제 자식들이 많은 재산을 물려받는 것이 유익할 것이라고 생각하지 않습니다. 재산은 스스로가 생각하는 자신의 영향력, 자신에 대한 생각, 다른 사람들이 하는 생각, 그리고 그들이 당신과 하려고 할 일

들 모두를 왜곡한다고 생각합니다. 그리고 사회에도 좋지 않습니다.'

한 때 게이츠는 그의 일과 결혼한 듯 마이크로소프트를 운영하느라 개인적인 관계는 돌보지 못할 것처럼 보였다. 하지만 게이츠가 성인이 된 후의 삶은 뚜렷이 세 가지 측면으로 나누어진다: 마이크로소프트, 자선사업, 그리고 가족이다. 그는 각 분야에 고르게 많은 에너지와 자원을 쏟아부었다. 위대한 형이상학적 시인 존 돈은 '사람은 섬이 아'라고 했다. 게이츠는 계속해서 이것을 증명하고 잇다. 실제로 섬을 한두개 구매할 재력이 있음에도 불구하고 말이다.

프로필: 멜린다 게이츠

'이번주 토요일부터 2주 후에 저와 데이트하시겠어요?'
— 멜린다 게이츠, 빌이 그녀에게 처음으로 데이트를 신청했던 때를 떠올리며, 2013년

빌 게이츠의 아내로 사는 것은 확연히 보이는 이점도 있지만 힘든 일이기도 하다. 하지만 많은 사람들은 멜린다 게이츠가 이 역할을 침착하게 지능과 세련됨과 우아함을 나타내며 잘 수행하고 있다고 평가한다. 빌이 물론 주연이긴 했지만 멜린다 역시 뒤편에서 내조하는 아내와 자식을 키우는 어머니로서만 살아온 것은 아니다. 당당한 간부로서 그녀는 게이츠 재단에서 큰 역할을 하고 있다. 게이츠 재단에서 일하며 그녀는 의사 결정 절차에 큰 영향을 미치고, 착실히

길을 인도하며, 재단의 홍보 활동을 훌륭히 해냈다. 멜린다는 결코 가볍지 않지만 부드러운 연민과 환영하는 재단의 이미지에 숨을 불어넣는다. 다이애나비의 자선사업과도 닮아있다. 게이츠도 그녀의 능력을 인정한 바 있다. '멜린다는 어떤 지역에서는 저보다도 더 자연스럽게 동화됩니다.'

하지만 세상에서 가장 힘있는 자의 마음을 사로잡은 이 여인은 대체 누구일까? 멜린다 앤 프렌치는 1964년 8월 15일 텍사스주 달라스에서 태어났다. 독실한 가톨릭 신자의 가족으로 태어난 그녀는 달라스에 있는 가톨릭 여자 학교인 우르술린 아카데미를 다녔다. (그 학교의 교훈은 라틴어로 세르비암(serviam)인데, '나는 봉사한다'라는 의미를 가지고 있다. 후에 자선산업에 큰 공헌을 세우게 될 한 학생에게 아주 잘 맞는 신조이다.) 빌과 마찬가지로 멜린다는 일찍이 수학에 재능을 보였고 학교에서는 부지런하고 우수한 학생으로 평가받았다. 미래의 남편처럼 그녀도 운동을 좋아하고 경쟁심이 강하고 용맹한 장거리 달리기 선수였고 카약타기도 곧잘 했다. 게이츠 부부는 야외 활동을 즐겨서 그들의 자택인 레이크 워싱턴에서 취미 생활을 즐겼다.

멜린다는 1982년 고등학교를 수석으로 졸업한 후 노스캐롤라이나주에 위치한 듀크대학교에 진학하여 컴퓨터과학과 경제학을 공부했다. 그녀의 논문은 교수가 동문들에게 회람시킬 정도로 뛰어나 마치 빛나는 별과 같았다. 그녀는 결국 5년만에 학사와 석사 학위를 모두 받았다. 빌 게이츠는 마이크로소프트가 우수한 대학원생들을 채용할 수 있는 힘을 자랑스러워했는데, 회사가 그녀가 졸업하자마자 채용한 것도 놀랍지 않다(사실 그녀의 가족은 맥킨토시를 사용했고, 멜린다는 과거에 IBM에서 인턴 생활을 했었다!).

마이크로소프트에 채용되어 시애틀로 이주한 그녀는 채용된 대학원생들 중에서도 가장 재능있는 축에 속하여 미국 여러 곳에 프로젝트 담당자로 발령이 났다. 그녀는 뛰어난 기술 지식 외에도 인사 관리 기술이 뛰어났고 팀의 잠재력을 최대한 발현시키는 재능도 인정받았다. 마이크로소프트 밥 캐릭터같은 실수도 있긴 했지만 그녀의 이력은 대체로 아주 우수했다.

마이크로소프트에 입사한 지 네 달 정도 지나 멜린다 프렌치는 뉴욕에서의 한 저녁 행사에서 예비 남편의 옆자리에 앉게 되었다. 그녀는 후에 이렇게 회상했다. '제가 생각했던 것보다 더 재미있는 사람이었어요.' 사랑에 빠지는 것은 순식간이었다. 게이츠는 곧 그녀의 독립심, 지성, 그리고 유머감각에 일찍부터 매료되었다. 하지만 그가 회사의 간부가 된 그녀에게 데이트 신청을 하기까지는 그 후로도 몇 달이 걸렸다. 멋없이 주차장에서 그는 2주 후에 만나자며 데이트 신청을 했지만 그녀에게 거절당했다. 그녀는 그 제안이 낭만적이지 않으며 실제로 데이트를 하고 싶은 때와 가까운 날에 신청하는 것이 옳다고 했다. 빌은 그녀의 말을 곱씹어보고는 그 다음 번엔 저녁에 전화를 걸어 당일 밤에 바로 만나자고 제안했다. 그녀가 술과 식사와 같은 틀에 박힌 데이트를 기대했다면 실망했을 것이다. 게이츠는 컴퓨터 사용자 모임에 참석 중이었기 때문에 결국 둘은 자투리 시간에 게이츠의 자택에서 데이트를 하게 되었다. 하지만 두 사람이 진실한 대화를 하며 서로 알아갈 수 있는 계기가 되었다. 그리고 게이츠는 자신이 낭만적일 수도 있다는 것을 증명했다.

게이츠 부부가 결혼 생활과 자선사업에서 끝없이 성공적인 관계를 유지할 수 있는 비결은 소통이었다. 마이클 아이즈너의 2010년작 저서 '협업: 위대한 파트너십은 왜 성공하는가'에서 게이츠의 발언을 이렇게 인용하였다. '그들은 생각을 공유하고 자신들이 배우고 있는 것들에 대해 이야기 하는것을 즐겼다'. 또한 그들은 관계 유지 방법의 하나로, 서로가 읽는 책들을 같이 읽고 따로 시간을 내어 그것에 대해 대화하는 시간을 가졌다. 게이츠는 이렇게 말한 바 있다. '당신의 배우자가 어떤 생각을 하는지 확실히 알기 위해 에너지를 써야합니다.'

1993년에 게이츠는 드디어 멜린다에게 청혼하기 위해 그의 오랜 친구인 워런 버핏이 소유한 보석 회사에서 약혼 반지를 샀다. 버핏은 농담삼아 자신은 1951년에 약혼 반지를 사기 위해 자산의 6퍼센트를 썼다며 빌도 그렇게 하라고 일러주었다. 만약 게이츠가 그의 말을 따랐다면 5억 달러 짜리 반지를 사야 했을 것이다. 실제 가격이 어떠했든 그는 보통 남자들 보다 훨씬 비싼 반지를 샀을 것이고, 이 행복한 커플은 '위대한 개츠비'를 테마로 한 파티를 열어 게이츠는 개츠비로 분장하고 멜린다는 데이지 뷰캐넌으로 분장하였다.

둘은 1994년 새해 첫날 하와이의 라나이 섬 해변에서 결혼식을 올렸다. 그 후 얼마 지나지 않아 사생활을 중요시 했던 멜린다는 정보 제품 부문의 임원자리까지 올랐던 마이크로소프트에서 퇴직하였다. 1996년 멜린다는 첫 아이를 출산했지만 워싱턴포스트지와 모교 기금을 포함한 여러 기관의 이사직은 유지하였다.

 2005년 타임지는 '올해의 인물들'로 게이츠 부부와 보노를 선정하여 '착한 사마리아인들-세계의 가난, 질병, 그리고 무관심을 종결하기 위한 미션에 나선 세 명'이라고 평했다. 이러한 영예가 그녀를 주요한 공인으로 못박았고, 보노 또한 게이츠 재단에서 그녀의 존재감을 확인시켰다: '빌과 저를 포함한 많은 사람들은 생명들이 희생되는데 분노에 휩싸입니다. 우리를 더욱 이성적으로 만들어 주기 위해서는 훨씬 느린 맥박이 필요한데 멜린다가 바로 그 맥박입니다.'

 그녀의 남편과 마찬가지로 멜린다는 탄탄한 학문적 바탕을 다져 그녀의 이력을 일구었고 (사실 그녀는 '중퇴'한 남편보다 더 높은 학력을 가진 것으로 유명하다), IT에 대한 열정이 깊다. 하지만 그녀는 어머니와 자선사업가로서의 모습에서 가장 만족감을 얻었다. 2014년 그녀는 스탠포드대학교에서 청중들에게 이렇게 말했다:

 '저에게 긍정주의란 일이 다 잘 될 것이라는 수동적인 기대감이 아닙니다. 우리가 잘 되도록 만들 수 있다는 확신입니다. 우리가 목격하는 고통이 얼마나 지독하더라도 우리가 희망을 잃지 않고 회피하지만 않으면 우리는 그들을 도울 수 있습니다.'

성공에 대한
보상을 누려라

'돈이 말도 안되게 많다보면 혼란스러워지기도 합니다.'
— 빌 게이츠, 플레이보이지, 1994년

20세기 말 IT 사업으로 부상한 억만장자들은 19세기 미국의 백만장자 산업왕들을 떠올린다. 1994년 대형 언론인 데이비드 게펜이 포브스지에서 이렇게 말했다. '아직 밴더빌트, 애스터, 록커펠러가 될 기회가 있습니다. 당신은 할 수 있습니다. 빌 게이츠가 될 수 있습니다.' 지난 30여년 동안 미국에서는 자수성가한 억만장자들이 많이 탄생했다. 자선 사업 외에 빌 게이츠는 그의 재산을 어떻게 사용했을까?

게이츠는 많은 재산을 마이크로소프트를 넘어서 뻗어 나가는 그의 비즈니스적 관심 분야들에 분산시켜 투자해 두었다. 심지어는 컴퓨터와는 큰 관계가 없는 자동차 딜러와 쓰레기 재활용 업체에 투자하기도 했다. 디지털 이미지의 수요가 폭발하면서 큰 수익을 올리게 된 이미지 저장소인 코르비스도 게이츠가 창업자이고, 연구자들에게 특화된 SNS, 씽크탱크, 그리고 벤처캐피탈의 대주주이기도 하다.

물론 게이츠에게는 다른 일에 부를 소비할 정도의 재정적 여유가 충분하다.

앞서 기술하였듯 그는 부를 앞에 내세우는 것을 즐기지 않았다. 고급 레스토랑에 돈을 많이 쓰지도 않았다. 그는 1994년 플레이보이지에 이렇게 말했다: '저는 보통 사람들보다 더 자주 맥도날드에 갑니다. 패스트푸드나 패스트푸드 문화에 대한 깊은 이해가 필요하다면 저에게 물어보시면 됩니다.' 같은 인터뷰에서 그는 개인 비행기를 사지 않는 이유로 이렇게 말했다: '왜냐구요? 왜냐하면 그러한 사치에 익숙해지는 것은 안좋다고 생각하기 때문입니다. 그래서 의도적으로 그런 것들을 통제합니다. 일종의 규율입니다. 제가 세운 규범이 무너지면 혼란이 오기 때문에 예방하려고 노력합니다.'

하지만 1997년 그는 스스로를 얽메어 둔 개인 비행기 구입에 대한 절제에서 벗어났다. 그 해 그는 봄바디에 BD700 글로벌 익스프레스 제트기를 약 5천만 달러에 샀다. 하지만 게이츠는 비행기보다도 언제나 자동차를 좋아했다. 그는 운전을 배우기 전부터 이미 자동차에 열광했다. 마이크로소프트의 창립 초기에는 차를 타고 달리며 몇날 몇일을 코딩에만 매달리는 데서 벗어나 한 숨 돌리고 스트레스를 해소하는 해방구로 삼았다. 그는 느긋하게 달리는 것보다 속도 내는것을 즐겼다. 그는 속도 위반 딱지를 여러번 뗐고(파워보트를 운전하다 속도위반에 걸린 일도 있다) 한 번은 알버커키에서 교통 경찰에게 항의하다 체포된 일도 있다.

> **열정에 과감히 소비하라**
>
> 게이츠는 기꺼이 그의 소득 중 일부를 자동차에 썼다. 학창시절 그는 주황색 머스탱을 소유했었고, 그 후로도 신형 자동차를 사는데 수십만 달러를 썼다. 그가 소유한 차 중 가장 오래된 차로는 뉴멕시코주를 달리던 1979년형 포르쉐 911이 있다. 그 후로도 포르쉐를 여러 대 샀는데, 930 터보, 까레라 카브리올레와 단 330대만 생산되었던 959 쿠페 등이 있다. 그는 삶의 다른 부분에서는 매우 검소했지만 자동차에 있어서만큼은 원없이 소비했다.

게이츠의 자동차 취미와 법의 충돌은 거기에서 그치지 않았다. 게이츠는 자신이 소유했던 포르쉐 959 때문에 미국 법을 개정하려는 시도까지 하였다. 유명한 슈퍼카 중 하나인 959는 지금까지 만들어진 도로용 스포츠카 중 가장 앞선 기술력을 자랑하는데(최고 속도가 시속 314킬로미터이며 시속 95마일에 도달하기까지 단 3.5초밖에 소요되지 않는다), 사고 기록이 없었기 때문에 미국에서의 운전은 기술적으로 불법이었다. 그래서 그 차는 미국 세관에 의해 10년동안 시애틀 항구에 붙잡혀 있었다. 법이 부당할 때는 과감히 재검토를 요청하기로 유명한 게이츠는 백악관에 읍소하였고 결국 1999년 빌 클린턴 대통령은 선택된 수집용 자동차는 기존의 안전 규정에서 면제받도록 법을 개정하였다. 이 과정에 도움을 주기 위해 게이츠는 컴퓨터로 이 차종의 충돌 내구성을 예상하는 프로그램을 제공했다고 알려졌다. 그 외 게이츠가 소유한 자동차로는 페라리 348, 재규어 XJ6, 렉서스, 메르세데스

벤츠, 그리고 가장 자주 타고 다니는 미니밴이 있다.

그리고 게이츠는 여러 부동산을 소유하고 있다. 가장 중요한 부동산으로는 가족의 주거지로 사용 중인 레이크 워싱턴 저택이 있다. 1990년에 착공하여 7년이 소요되었는데(주변에 사는 부유한 이웃들은 긴 시간동안 소음에 불편해 했다고 한다) 면적은 약 6천 평방미터이고 올슨 웰즈의 고전영화 '시민 케인'에서 따와 '자나두 2.0'이라는 별명을 붙였다(영화에서의 저택은 샌 시미온에 위치한 윌리엄 랜돌프 허스트의 성을 참고하였다).

실내 장식은 유명한 디자이너인 티에리 데스폰에게 맡겼고, 내부에는 24개의 화장실, 23대의 차를 넣을 수 있는 차고, 100명을 수용할 수 있는 호수가 바라보이는 식당, 20개의 좌석이 있는 영화관, 6미터 높이의 트램폴린 방, 그리고 단독 보트 창고가 있다.

그리 놀랍지는 않지만 게이츠의 저택은 최첨단 생활을 위한 실험실로 쓰이며 다양한 신기술들로 채워져 있다. 손님들이 도착하면 각자 암호를 부여받아 그들이 이 방 저 방 옮겨다닐 때마다 그들의 취향에 맞는 음악이 흘러나오고 벽에 걸린 고해상도 화면에는 맞춤형 예술 작품이 띄워진다고 한다. 2013년 이 저택은 약 1억 5천만 달러의 가치로 평가받았다. 게이츠가 소유한 다른 부동산으로는 플로리다의 장애물 뛰어넘기 경기장이 있는 저택이 있고, 소문은 무성하나 확인 된 적은 없지만 중남미의 벨리즈 해변가에서 멀지 않은 곳에 섬을 하나 소유하고 있다고도 한다.

그리고 게이츠는 미국 예술가들의 고전 미술작품들에 많이 투자해 왔다(몇몇 전문가들은 그가 지나치게 높은 가격에 구입한다고도 한다). 마이크로소프트는 직간접적으로 워싱턴주에 억만장자를 많이 배출했기 때문에 시애틀은 곧 워싱턴, 뉴욕, 보스톤과 같은 문화 수도의 위상으로 승격될 것으로 보인다. 게이츠가 미술시장에 처음으로 주요하게 등장한 것은 1996년 앤드류 와이스의 1961년작 Distant Thunder을 7백만 달러에 사들였을 때이다. 2년 후 그는 윈슬로 호머의 1898년작 Lost on the Grand Banks를 3천 6백만 달러에 구매하여 기록을 경신했다. 그가 개인적으로 소유한 다른 작품들로는 윌리엄 메리트 체이스의 The Nursery(천만 달러), 프레데릭 차일드 하삼의 The Room of Flowers (2천만 달러), 그리고 조지 벨로우의 Polo Crowd (2천 8백만 달러) 등이 있다.

그는 역사 속에 잠깐 등장하는 물건들도 수집하는데, 아이작 뉴튼과 에이브러햄 링컨이 작성한 원본 문서들을 소유하고 있다. 그리고 그가 가진 특별한 보물로는 레오나르도 다빈치의 코덱스 레스터 (Codex Leicester)가 있다. 1510년대 날짜부터 시작하는 72페이지짜리 작업 노트에는 게이츠의 영웅이 천문학부터 화석에까지 여러 주제에 대해 한 생각과 관찰들이 글로 남겨져 있다. 그는 1994년 3천만 달러에 노트를 구매했고 이탈리아인들은 이에 대해 항의했다. 그러나 게이츠는 그 노트가 이탈리아가 아니라 세계의 문화적 유산이라고 주장했다. 그는 나중에 이렇게 회상했다. '하루는 집에 돌아가서 제 아내 멜린다에게 제가 공책을 하나 살 예정이라고 말했던 것이 기억납니다. 그녀는 그것이 큰 일이라고 생각하지 못했지요.'

세상에서 가장 부유한 사람

'저는 제가 아니었으면 좋겠습니다. 장점이 하나도 없는 사람입니다.'
― 빌 게이츠, 세상에서 가장 부유한 사람이라는 데의 소감, 2006년

1917에 창간된 포브스 매거진은 언제나 최상류층 인사들이 즐겨보는 잡지였고, 1987년부터 매년 그해의 억만장자 목록을 발표해왔다. 2015년 그는 1위 자리를 유지했고 그의 자산은 약 790억 달러로 추정된다. 2009년부터 2013년까지 멕시코의 사업왕 카를로스 슬림이 1위를 기록한 이후 그는 2년 연속 1위에 올랐다. 2008년에는 그의 오랜 친구인 워런 버핏에 뒤이어 2위를 기록했고 1995년부터 2007년까지는 게이츠가 매년 1위를 지켰다.

계산 방식에 따라서는 게이츠보다 더 부유했던 위인들도 있다. 예를 들면 기름왕 존 D. 록커펠러는 그의 정점에 있을 때 당시 미국 총생산량(GDP)의 1.5%에 해당하는 재산을 가지고 있었지만 게이츠의 재산은 2013년 기준으로 0.4%에 그쳤다. 그러나 달러 액수로는 게이츠만큼 많은 재산을 가졌던 사람이 없다.

유년시절에 게이츠는 자신이 30살이 되기 전까지 백만장자가 되겠

다고 결심했다고 알려져 있다. 그는 실제로 그 계획보다 몇년이나 앞당겨 목표를 달성했다. 그가 억만장자가 되었을 때의 나이는 겨우 31살에 불과했다. 이 때가 1987년으로, 마이크로소프트의 주식이 공개 상장된 1년 후의 일이었다. 게이츠는 사실 회사의 기업 공개에 대해 고민이 많았다. 주주들이 모든 중요한 의사 결정에 대해 CEO에게 모든 책임을 지우면 회사는 관리하기 더욱 힘들어질 것이라는 생각이었다. 게다가 당시 회사의 매출이 매우 높았기 때문에, 회사들이 주로 기업 공개를 하는 이유인 현금이 급히 필요한 상태도 아니었다. 하지만 그는 마이크로소프트가 그대로 있기에는 규모가 너무 커졌다는 사실을 인지했다. 그리고 가장 유능한 인재들을 불러모으고 지키기에 자사주 옵션을 제공하는 것이 매우 유용한 방안이었다. 그렇게 하면 직원들은 회사의 성공을 위해 최선을 다하게 되고, 회사에 개인적인 지분을 가지게 되어 생사를 함께 하게 되는 것이다.

게이츠의 불안감을 뒤로 한 1986년의 기업공개는 직원들에게 크나큰 수익을 안겨다 주었다. 자신이 가진 주식을 잘 간직했던 직원들에게 그 보상은 상상을 초월했다. 예를 들어 1986년에 마이크로소프트 주식 만 달러치를 샀다면 1998년에는 240만 달러로 불어 있었을 것이다. 마이크로소프트의 첫 주식 상장 이후 몇 개월 이내 세 명의 억만장자와 만2천명의 백만장자가 탄생했을 것으로 추정된다.

게이츠는 주식이 공개된 첫날 얼마의 주식을 매매해 160만 달러를 받았다. 하지만 그가 남겨둔 45퍼센트의 주식 가치만 3억 5천만 달러에 달했다. 게이츠는 IT 업계의 젊고 유능한 청년에서 한순간에 세계에서 가장 부유한 나라에서 가장 부유한 100명 중의 한명이 되었다. 1987년이 되자 그의 주식 가치는 10억 달러를 넘어섰다. 주가는 오르고 올라 1990년대 말이 되자 그는 세계에서 가장 부유한 사람이 되었다. 2014년 처음으로 그의 CEO 후임자인 스티브 발머에게 주식 지분율을 추월당했음에도 그의 재산 규모는 여전히 세계 1위였다.

하지만 부자라고 부러워 할 것만은 아니다. 파스칼 재커리 작가의 책 'Showstopper!'에서 게이츠는 '부자들은 무엇을 해도 칭찬을 못 듣는다'고 했다. 아마 이 말을 확인해 줄 사람은 빌 자신 뿐일 것이다.

재충전의 시간을 가져라

'저는 20대 시절 하루도 쉰 적이 없습니다.
단 하루도요.'

— 빌 게이츠, 더 메일지 온라인판, 2011년

　빌 게이츠가 일에 열심이라는 것은 새삼 말할 필요가 없다. 게이츠가 창사 초기 회의 시간에 잠들거나 36시간의 근무시간을 아무렇지 않게 여겼다는 일화 등은 진정한 일중독 증세로 연구해 볼 필요가 있어 보일 지경이다. 훗날에도 일을 많이 하는 것은 똑같았지만 대신 스스로 일의 양을 조절하게 되었다.

　마이크로소프트는 창사 초기부터 일과 여가를 동시에 하는, 재미있기도 하지만 서로 상충되어 보이는 경영 철학을 자랑했다. 회사에는 직원들이 이용할 수 있는 여가 시설들을 큰 돈을 들여 꾸며놓았다. 한편 직원들은 믿을수 없을 정도로 긴 기간을 하루도 쉬지않고 일하여 정말 강한 자들만 살아남을 수 있는 근무 환경이기도 했다.

　게이츠는 이 모순을 인격화 시킨 것 같았다. 그는 쉬지않고 코딩에 몰두하다가도 기분에 따라 뉴멕시코주의 고속도로를 신나게 질주하기도 했다. 그는 여러가지 취미를 가지고 있었다. 그는 2000년대 초반 스물 몇 타의 핸디캡을 가진 꽤 준수한 골퍼였으며 테니스도 곧잘 쳤고, 그 외에 수영, 스케이트, 스키와 수상스키도 즐겼다. 그리고 그는 오랜 친구이자 조언자인 워런 버핏에겐 상대가 되지 않았지만 끊임없이 브리지 게임 실력을 연마했다. 또 그는 음악을 사랑했는데 1940년대와 50년대 음악을 주로 들었다. 특히 프랭크 시나트라를 좋아했다. 그리고 물론 그는 그의 가족과 가능한 많은 시간을 함께 보냈다.

 듣고 보면 게이츠는 일과 삶 간의 균형을 훌륭히 맞춘 것으로 보인다. 물론 그도 일에 요구되는 책임감에서 벗어나 휴식을 취하려고 많은 노력을 했지만 정확히 언제 쉬었는지는 알기 힘들다. 그가 가진 여러가지 취미는 여가 생활이라기보다는 깨어있을 때 최대한 많은 것을 하려는 욕심처럼 보이기도 한다. 하지만 자선사업을 시작하며 그도 그의 생활패턴에 조정이 필요하다는 것을 깨달았다. 이 장 첫머리의 인용구는 이렇게 끝이 난다. '…저는 지금도 미쳐있지만 이제 조금 덜 미쳐있습니다.'

게이츠처럼 관리하라

마이크로소프트가 1980년대 초부터 이미 크게 성공하여 직원들에게 많은 보상이 내려지자 게이츠는 유능한 인재들을 잡아두기 위해 영리한 방안을

> 생각해 내야만 했다. 이미 어떻게 써야 할지도 모를만큼 많은 돈을 벌었는데 살인적인 업무량을 견디며 회사에 누가 남아있겠는가? 게이츠의 답은 직원들에게 긴 안식년을 허용해서 직원들이 다른 관심사에 더 공부하거나 여행, 봉사, 아니면 단순히 휴식이라도 취할 수 있도록 배려하는 것이었다. 게이츠는 자신은 그러한 사치를 누리지 못했지만 마이크로소프트 밖에서의 삶이 중요하다는 것을 이해했다.

드디어 게이츠는 한 발 물러서야겠다고 결정을 내렸다. 이 절차는 2000년에 그가 CEO직을 스티브 발머에게 위임하며 시작되었다. 대신 그는 회사의 최고 소프트웨어 기획자 직책을 맡았다. 그가 가장 사랑하는 순수한 컴퓨터 공학도로 돌아가겠다는 논리였지만 그가 회사 실적에 대한 관심을 완전히 끈다는 것은 어불성설이었다. 그후 2006년 중반, 게이츠는 자선재단 활동에 집중하기 위해 2008년이 되면 상근직을 그만둘 것이라고 발표했다. 그가 상근직으로서 마이크로소프트에 마지막으로 출근한 것은 2008년 6월, 그가 회사를 창립한지 33년이 지난 후였다. 하지만 많은 동료들은 빌 게이츠가 비상근으로 근무한다고 해봐야 다른 직원들의 상근 업무시간과 맞먹는다고 지적했다. 마침내 2014년이 되자 그는 1981년부터 지켜온 회장자리마저 넘겼다. 그러나 이것은 게이츠 방식의 은퇴였다. 회장직에서 은퇴함과 동시에 그는 발머의 마이크로소프트 CEO 후임자인 사트야 나델라의 기술 고문직을 맡았음을 발표했다. '저는 사트야가 제게

도움을 청하여 제가 회사에서 더 많은 시간을 보낼 수 있게 해주어서 무척 기쁩니다.'

그리하여 게이츠는 자선 사업의 효과를 극대화하기 위해 전 세계를 누비게 되었고, 자신이 맨 손으로 일구어낸 기업에 조언을 하며 어느 때보다도 더 바빠졌다. 아무리 보아도 한 발 물러서는 모양새는 아니었다. 어찌되었든 그는 새로운 우선순위와 60대에 접어들 자신의 나이를 고려하여 자신의 행보를 조정한 것이었다. 어차피 그는 느긋함을 즐기는 성격이 아니었다. 2008년 그는 이렇게 말했다. '저는 바닷가에서 느긋이 여생을 보낼 성격은 아닙니다.'

게이츠처럼
독서하라

'저는 어렸을 때 정말 꿈이 많았는데
그것은 아마 제가 독서를 많이 할 기회가 있었기에
가능했던 것이라고 생각됩니다.'

— 빌 게이츠

개인컴퓨터의 시대에 태어나 그 많은 눈요깃거리를 보며 자란 세대들은 독서와 같은 전통적인 여가를 하지 않을 것이라는 목소리가 많은 공감을 얻고 논란이 되고 있다. 그래도 희망이 되는 사실은 게이츠가 모든 종류의 문학을 열심히 읽은 독자라는 것이다. 그는 개인 블로그(www.gatesnotes.com)에 자신이 읽은 책들을 소개하며, 때로는 통찰력 있는 감상문와 함께 기록해두기도 한다. 최근 몇 년동안은 매년 적어도 한 번 이상 추천작 목록을 선별하여 게시하기도 했다.

그가 1998년 자넷 로우 작가에게 밝혔듯 그의 독서에 대한 열정은 어려서부터 시작되었다: '제 부모님은 저희들이 어렸을 때부터 책을 많이 읽고 스스로 사고하도록 격려하셨습니다. 책에서부터 정치까지 다양한 주제로 토론을 할 때 저희도 함께 참여하게 하셨습니다.' 그는 소년시절 애드거 라이스 버로우즈의 타잔 이야기에 빠져드는가 하면 20권짜리 세계백과사전을 열심히 훑어보기도 하였다. 그는 프랭클린 루즈벨트나 나폴레옹 보나파르트 등 시대의 위인들이 쓴 자서전에도 관심이 많았다. 그리고 달 착륙 시대에 태어난 아이답게 그리고 타고난 과학적 재능의 입김에 의해 대중을 위한 과학서적에 흥미를 보였다.

책벌레 같은 게이츠의 모습은 계속되었다. 성인이 된 후로 그는 매일 하루에 한 시간, 그리고 주말에는 더 많은 시간 동안 책을 읽으려고 무던히 노력했다. 책만 읽는 것이 아니라 그는 매일 신문도 읽고 매주 여러 권의 잡지를 읽으며 시사 문제에서부터 최신 컴퓨터 기술에 대한 광대한 범위에 대한 정보를 모았다. 1996년 그가 뉴욕타임즈지에 기고한 칼럼에 따르면 그는 매년 두 번 정도 '생각 주간'을 가진다고 한다. 이 기간동안 그는 집중하여 독서를 하고, 동료들이 추천하는 자료들을 읽으며 에너지를 얻고 생각을 정리한다고 한다.

그가 읽는 책의 종류는 너무 다양해서 그야말로 잡식성 독자라 할 수 있다. 그는 이렇게 말했다: '저는 책을 많이 읽는데 꼭 베스트셀러 목록에서 골라 읽지는 않습니다.' 게이츠가 소설을 싫어하는 것은 아니지만 실제로 많이 읽는 책들은 거의 논픽션이다. 왜냐하면 그는 '항상 이 세계가 작동하는 원리에 대해 더 배우고 싶기 때문'이다. 독서를 통해 가장 잘 배운다는 그의 지론은 많은 학부모들과 교사들이 동감할 만 하다.

새로운 지식을 얻을 수 있는 책들 외에도 그는 특히 사람들의 기발한 실화에 흥미를 가진다. 예를 들어 2013년 마크 레빈슨의 책 '더 박스: 컨테이너 역사를 통해 본 세계경제학(The Box: How the Shipping Container Made the World Smaller and the World Economy Bigger)'을 읽고 극찬을 보냈다. 누구나 좋아할 만한 주제는 아니지만 게이츠는 그 책에서 세계화와 비즈니스, 자선사업에 대한 새로운 시각을 얻었다.

그가 선택하는 책들을 보면 세계가 직면해 있는 심각한 문제들과 위기들을 해결하는 것을 돕고자 하는 그의 열정을 느낄 수 있다. 다음과 같은 책들이 그것이다: 폴 파머의 '세계를 고치는 방법', 본 롬보그의 산문집 '더 나은 세상을 만들기 위해 500억 달러를 쓰는 방법', 제프리 삭스의 '가난의 종말', 스티븐 레빗과 스티븐 더브너의 '초괴짜경제학'(게이츠는 말했다: '제가 책을 읽으며 가장 희열을 느낄 때는 고전 경제학자들이 일반인들은 비이성적인 선택을 한다고 주장하기 위해 늘어놓는 연구들이 무너지는 순간입니다.'), 레온 헤서의 '세계를 먹여살린 남자'(노벨평화상 수상자이자 농경과학자인 노먼 볼라그의 평전이다), 그리고 캐더린 부의 현대 인도 거리에서의 삶에 대한 연구 결과물인 '아름다운 영원 뒤에서'.

좋아하는 주제에 대해서는 빠르게 독학할 수 있는 능력을 가진 게이츠는 순수 과학에도 관심이 많다. 그가 가장 좋아하는 책 중 하나가 '파인만씨, 농담이시죠?'인데, 게이츠가 존경하는 노벨상 수상 과학자 리차드 파인만에 대한 일화 모음집이다. 리차드 도킨스가 인간

진화에 대한 연구로 1970년대 중반에 펴낸 고전작 '이기적 유전자'는 그에게 심오한 영향을 끼쳤다. 게이츠가 처음 프로그래밍을 접했을 때 가장 도움이 된 책은 스탠포드대학의 명예교수 도날드 크누트가 쓴 '컴퓨터 프로그래밍의 예술'이다. 방대한 정보가 여러 권에 걸쳐 꽉 들어차있어 게이츠는 매일 20장씩 여러 달이 걸려 완독했다. 1995년 뉴욕타임즈에 그는 이렇게 썼다. '누군가 세상을 다 안다고 자신하는 사람이 있다면 크누트가 세상은 훨씬 더 깊고 복잡하다는 것을 가르쳐 줄 것이다.'

최근에 읽은 게이츠의 과학 관련 도서로는 다음이 있다: '바보를 위한 기상학', '바보를 위한 물리학', 월터 그랫처의 '거대한 분자들: 나일론에서 나노튜브까지', 칼 사바그의 '개의 털과 다른 과학적 발견'. 그리고 그가 읽은 유명한 평전들은 월터 아이작슨이 펴낸 스티브 잡스 평전과 그의 테니스 사랑을 보여주는 '피트 샘프라스: 챔피언 마인드' 그리고 앙드레 아가시의 자서전 '오픈' 등이 있다.

2010년 진행한 어치브먼트와의 인터뷰에서 그는 존 노울즈의 소설 '분리된 평화'를 '경이적'이라 평했다. 1959년 출간된 책으로, 2차 세계대전을 배경으로 한 성장소설이다. 미국 고전 중에서 그는 F.스캇 피츠제럴드의 '위대한 개츠비'의 광팬이다. 그는 개인 서재 (만4천권 이상의 책이 소장되어 있고 비밀 책장도 두개 설치되어 있다고 한다)의 돔형 천장에 소설의 마지막 문장을 새겨놓기도 했다: '그는 긴 여로 끝에 이 푸르른 잔디밭에 도착했으며, 이제 조금만 더 가면 잡을 수 있을 정

도로 자신의 꿈에 가까워졌다는 기분이 들었을 것이다.'

> **게이츠가 좋아하는 소설**
>
> 빌 게이츠가 가장 감탄하는 소설은 JD 샐린저의 '호밀밭의 파수꾼'으로, 1951년에 출간되어 이제는 미국의 대표 문학으로 인정받는 16살 소년 홀든 코울필드의 이야기이다. 게이츠는 이렇게 말했다. '저는 13살이 되어서야 '호밀밭의 파수꾼'을 읽었는데, 그 후로도 제가 가장 좋아하는 책이 되었습니다. 아주 영리한 소설입니다. 젊은 세대는 아직 혼란스럽지만 영리하며, 어른들이 미처 보지 못하는 것을 볼 수 있다는 사실을 인정해 줍니다.' 사물을 다르게 바라보는 것은 게이츠가 성장하며 계속 보여준 성격이었고, 그가 어른이 되어서도 그가 초창기의 컴퓨터 소프트웨어 시장을 뚫고 들어가는 모습에서 찾을 수 있다.

    게이츠는 열혈 독자에서 만족하지 않고 일찌감치 직접 작가로 데뷔하기도 했다. 그는 첫 책 '미래로 가는 길'을 네이든 마이어볼드, 피터 리니어슨 기자와 공동 집필했다. 개인컴퓨터의 부상과 당시 막 시작되었던 인터넷 혁명에 대해 분석한 이 책은 베스트셀러가 되어 펭귄 출판사에서 선인세로만 250만 달러를 지급한 것으로 알려져 있다. 게이츠는 넉 달 동안 따로 시간을 내어 책을 집필하였는데, 그의 사고방식을 집중시키고 논리를 정제해야 하는 즐거운 도전이었다. 그는 훗날 말했다. '제가 직접 해 보니 작가들에 대한 존경심이 더욱 커졌습니다.' 그는 첫 도전에 멈추지 않고 1999년에 두 번째 책 '마이크로소프트@생각의 속도'를 내어 상업과 기술의 관계를 파헤쳤다.

이 정도면 마이크로소프트가 탄생한 이후의 시대에서도 컴퓨터와 책이 공존할 수 있을지에 대한 두려움은 누그러졌을 것이다. 그가 만들어낸 디지털 세상에 사는 세대들은 스크린으로 총을 쏘고 실제로는 잘 하지도 못하는 스포츠의 스타 선수가 되어 게임을 하고 있지만 게이츠 자신은 독서의 가치를 위해 많은 공헌을 했다. 그러나 그렇게 아름다운 개인 도서관을 가진 게이츠마저도 손에 종이책을 읽는 기쁨을 맛볼 수 있는 시대가 저물고 있을지도 모른다는 것은 인정한다. 그는 2011년 이렇게 말했다. '디지털 독서로 완전히 재편될 것입니다. 가볍고 공유하기 쉽지요. 시간이 지나면 그렇게 될 것입니다.'

게이츠가 읽은 책들의 원서명

<Tarzan>, Edgar Rice Burroughs

<The Box: How the Shipping Container Made the World Smaller and the World Economy Bigger>, Marc Levinson

<To Repair the World>, Paul Farmer

<How to Spend $50 Billion to Make the World a Better Place>, Bjørn Lomborg

<The End of Poverty>, Jeffrey Sachs

<Superfreakonomics>, Steven Levitt and Stephen

<Man Who Fed the World>, Leon Hesser

<Behind the Beautiful Forevers>. Katherine Boo

<You're Joking, My Feynman!>, Richard Feynman

<The Selfish Gene> Richard Dawkin

<The Art of Computer Programming>, Donald Knuth

<Weather for Dummies>

<Physics for Dummies>

<Giant Molecules: From Nylon to Nanotubes>, Walter Gratzer

<The Hair of the Dog and Other Scientific Surprises>, Karl Sabbagh

<Steve Jobs>, Walter Isaacson

<Pete Sampras: A Champion's Mind>, Pete Sampras

<Open>, Andre Agassi

<A Separate Peace>, John Knowles

<The Great Gatsby>, F. Scott Fitzgerald

게이츠가 가장 좋아하는 경영 도서

'제가 읽어본 경영도서 중 최고입니다.'
— 빌 게이츠, 존 브룩스의 '경영의 모험'에 대하여

스스로도 경영을 주제로 가끔 글을 쓰는 게이츠는 1994년 플레이보이지에 엉뚱한 발언을 했다. 경영대학원 진학이 창업하려는 사람들에게 도움이 될 것인가에 대해 논의하던 중 그는 사무실의 벽을 가리졌다. 현대 상업의 선두주자인 게이츠는 이렇게 말했다. '여기 책장을 보고 경영도서가 한 권이라도 있는지 찾아봅시다. 아이고. 우리는 전혀 필요하지 않았습니다.'

학업을 등지고 경영의 세계에 몸을 내던져 세계에서 가장 부자가 된 사람이 하는 말이니 설득력이 있다. 교과서에서 어떻게 가르치든 게이츠는 그 원칙을 바꿔버렸다. 그가 플레이보이지에 한 말은 자신만의 원칙으로 성공을 향해 빠르게 달려가는 젊은 사업가의 말이었다. 하지만 그의 말이 전부 사실인 것은 아니다.

사실 게이츠가 오랜 기간 여러 경영 서적을 읽었고 기꺼이 그 중 여러 권을 추천했다는 것은 이미 알려져 있다. 예를 들면 그는 '사업 실패의 십계명'이라는 책을 좋아한다고 공개적으로 밝혔는데, 저자 도날드 R. 키오프는 코카콜라와 앨런앤코의 간부까지 지냈다. 60년 동안의 경험을 녹여낸 그의 책은 가볍게 읽을 수 있는 내용으로 '어떻게 안 하는가'에 대한 책이다. 게이츠는 이렇게 평했다: '도날드는 경험, 지혜, 자신감, 자아성찰을 특별하게 버무립니다. 그가 말하는 실패의 십계명은 책이 가득한 책장 하나보다 사업 성공에 대해 더 많은 것을 가르쳐 줄 수 있습니다.'

그가 즐겨 읽은 다른 경영서로는 제너럴모터스의 전 CEO 알프레드 슬로언이 1963년에 펴낸 '제너럴모터스와의 시간'으로, 부분적으로는 회고록이고 부분적으로는 거물 사업가를 꿈꾸는 사람을 위한 안내서이다. 게이츠는 이렇게 평했다: '사업에 대해서 책을 한 권만 읽고 싶다면 이 책을 읽는게 좋을 것이다.' 그리고 벤자민 그래이엄의 '현명한 투자자(1949)'는 워런 버핏에게 많은 감명을 줬고, 버핏이 뒤이어 게이츠에게 읽으라고 권해주었다고 한다.

하지만 게이츠가 최고의 찬사를 보낸 경영서 또한 버핏이 추천해 준 책이었다. 경영서의 매출을 끌어올리는 데 명실상부한 글로벌 아이콘이자 세계 제일의 부자의 극찬만큼 좋은 것도 없을 것이다. 게다가 가끔 세계 제일의 부자로 이름 올리는 인물이 그 사람에게 먼저 추천을 해주었다면 더할나위 없다. 이 책이 바로 존 브룩스의 기사를 책으로 엮어 1969년에 발간한 '경영의 모험'이다. 게이츠는 1990년대 초기에 버핏과 처음 만난 후 그로부터 중고책을 선물로 받았다.

애석하게도 브룩스는 1993년에 세상을 떠나 버렸기 때문에 게이츠가 2014년 한 인터뷰에서 그의 책을 언급하여 책의 매출이 되살아난 것을 보지 못하게 되었다. 하지만 그의 책이 쓰인 지 40년이 지나서도 여전히 유효하다는 데 자부심을 느꼈을 것이다. 타임지 출신의 브룩스는 뉴요커의 칼럼니스트로서 명성을 떨쳤는데, 정장을 입은 회사원뿐만 아니라 일반인들도 읽을 수 있도록 경영을 주제로 한 글을 썼다. 책에는 제록스의 부상에서부터 포드 엣셀 자동차의 실패 등 여러 주제로 깊은 통찰력을 보이는 산문이 있다. 게이츠는 이렇게 평했다:

'브룩스의 책을 보면 강한 사업을 만드는 것과 가치 창조의 법칙은 변하지 않았다는 것을 알 수 있습니다. 첫째로, 매번의 사업마다 거기에는 인간적인 변수가 있습니다. 아무리 완벽한 제품과 생산 계획,

그리고 마케팅 전략이 있다고 하더라도 이것들을 이끌어 나가며 현실로 만들어줄 제대로 된 인재들이 필요합니다.'

　게이츠는 마이크로소프트의 수장으로서 여러 해 동안 브룩스의 가르침을 제대로 배웠을 것이다.

무엇이든 함께 나누어라

'돈을 줄 때도 돈을 벌 때와 같이 신중해야 합니다.
돈이 좋은 목적에 쓰이는 것을 확인해야 합니다.
생각없이 소비하면 순식간에 없어질 수 있습니다.'

— 빌 게이츠, 1998년 '20/20'에서의 인터뷰 중

게이츠의 부모님은 게이츠에게 건실한 시민의식과 사회적 책임감을 심어주었고, 그의 어머니 메리는 대부분의 시간을 자원 봉사를 하며 보냈다. 하지만 그의 이력 초창기에는 자선 활동이 활발하지 않았고, 대신 마이크로소프트 회사 자체는 오랜 기간 동안 수익금과 장비 기부, 직원들의 시간과 재능 기부를 통하여 사회적 환원에 힘써왔다.

오랫동안 게이츠는 공개적으로 자신은 무엇보다도 소프트웨어 개척자이며 '착한 일'은 나중에 할 것이라고 밝힌 바 있다. 1987년 그는 포춘지에 이렇게 말했다: '앞으로 10년 동안 저는 제 일에 가장 신경을 많이 쏟을 것입니다. 다른 일에 지원하는 것은 조금 더 뒤의 일입니다.' 5년 뒤 1992년, 그는 같은 잡지의 기자에게 비슷한 장기 계획을 밝혔다. : '10년 정도 뒤면 마이크로소프트는 충분히 자리 잡을 것

이고 그 때는 주변을 둘러볼 계획입니다.' 그는 아무런 방해 없이 소프트웨어 제국을 만들 자유를 원했던 것이다.

그러다 1990년대 초중반이 되자 그의 태도에 변화가 보였다. 회사를 성장시키는 데 완전히 집중해 있던 과거와 달리 공개석상에서 자선적 기부를 언급하며 새로운 가치관을 내비쳤다. 현실적으로 행동에 옮긴 것은 1994년 윌리엄 H 게이츠 재단을 설립하면서부터이다. 재단 운영에 도움을 준 아버지의 이름을 따서 재단을 설립하며 자선사업에 첫 걸음을 떼었다.

재단의 설립은 같은 해 유방암 투병 끝에 세상을 떠난 어머니 메리 게이츠의 영향이 작지 않다. 그녀는 나눔의 실천하는 정신을 가족들에게 가르쳐 주었다. 아들 빌 게이츠는 2007년 하버드 대학교에서의 연설에서 이렇게 말했다:

'제가 이 곳에 합격하였을 때 너무나 기뻐하셨던 저의 어머니는 제가 다른 사람들을 위해 무엇인가를 더 하도록 항상 독려하셨습니다. 제 결혼식 몇일 전, 어머니는 신부를 위해 행사를 주최하여 멜린다에게 결혼에 대하여 쓴 편지를 공개적으로 읽으셨습니다. 당시 어머니는 암으로 매우 힘든 몸이셨지만 자신의 메세지를 전달할 수 있는 기회를 놓치고 싶어하지 않으셨습니다. 편지는 이런 문구로 끝이 났습니다. '많은 것을 받은 자에게는 많은 것이 기대된다.''

이 마지막 말은 게이츠가 2006년 마이크로소프트에서 상근직을 그만둔다는 발표를 할 때에도 반복되었다. 회견자리에서 그는 모여있

던 기자들에게 이렇게 말했다:

'많은 재산은 많은 책임감과 함께 오는 것이라고 생각합니다. 사회에 환원하고, 그 자원이 가장 필요로 하는 사람들에게 최적의 방법으로 쓰이는지 확인할 책임입니다.'

1994년이 그의 자선가로서의 변신을 보여주는 첫 해이긴 했지만 그는 완전히 자선사업에 빠져들 준비가 되어있지는 않았던 것으로 보인다. 다음해 그가 기고한 뉴욕타임즈 칼럼 중 그는 재산을 어떻게 가장 잘 써야 할 지에 대한 고민을 언급하며 자신의 변신을 아직 미루려는 태도를 보였다. '돈을 현명하게 소비하는 것은 돈을 버는것만큼이나 어렵다. 내 생애의 후반은 재산을 의미있는 방식으로 소비하는 것에 주로 매달릴 것이라고 생각한다. 그 때도 많은 재산이 남아있다면 말이다.'

1996년이 되자 그는 좀 더 일관된 발언들을 하며 자선사업가로 변신할 준비를 마친 것으로 보였다. 그는 이번에도 뉴욕타임즈 칼럼에 기고한 글에서 자신의 생각을 밝혔다: '종국에는 제가 중요하게 생각하는, 교육과 인구 안정화와 같은 문제에 내 재산의 많은 부분을 바칠 것이다.' 일년 후, 부자들의 자선사업이 중요한 이슈로 떠올랐는데, 언론 재벌 테드 터너가 개인 재산 중 10억달러를 유엔 기구에 기부하며 많은 언론의 관심을 받았던 때였다. 터너가 게이츠를 포함한 다른 슈퍼리치들에게 그들도 기부할 것을 제안하자 게이츠는 20/20 프로그램의 바바라 월터스와의 인터뷰에서 이렇게 화답했다: '물론

저도 테드만큼, 아니면 그보다 더 많이 기부할 예정입니다.' 대담한 발언으로 이제 그는 공개적으로 약속을 한 것이다.

그럼에도 그 후의 행보는 완전히 정해지지 않아 보였다. 같은 해 포브스지의 발행인 리치 칼가드는 게이츠가 전통적인 이슈들에 기부하지 않으려는 모습을 보며 이렇게 말했다. '그는 엄청난 대중의 압박에도 불구하고 가치가 떨어지는 이슈에는 돈을 함부로 쓰지 않았습니다.' 비슷한 시기 게이츠가 마이크로소프트 CEO 후임 자리의 후보군에 대해 한 발언을 보면 마이크로소프트 외에 다른 작업에 큰 열정이 없는 것으로 보인다: '아무도 저를 다른 직업이나 활동에 관심을 가지도록 만들 수는 없기 때문에 그런 걱정은 하지 않아도 됩니다.'

그럼에도 불구하고 1997년 게이츠 도서관 재단(Gates Library Foundation)은 공공도서관에 2억 달러의 자금과 2억 달러 상당의 마이크로소프트 소프트웨어를 기부했는데, 이는 같은 해 연방 정부가 책정한 지원금보다도 많은 액수였다. 사회적 평등은 지식과 정보에 대한 접근성이 절대적으로 중요한 데, 이 작업의 매개체가 되는 공공도서관의 중요성에 대하여 그는 아메리칸 라이브러리 잡지에 이렇게 말했다: '제가 어렸을 때부터 도서관은 제 인생에서 큰 역할을 했습니다.' 책을 사랑하는 독자 빌 게이츠는 앤드류 카네기 이후 도서관에 가장 많이 기부하고 있었다.

놀랍게도 이것은 게이츠가 사회에 환원한 재산 중 비교적 작은 사건에 불과하다. 2000년대 들어 그가 자선사업에 본격적으로 뛰어들자 대중이 인지하고 있던 미국 자본소비주의의 아이콘으로서의 게이츠는 완전히 바뀌었다. 그는 2010년 자신의 이중적 정체성에 대하여 CNN에 이렇게 말했다:

'저는 지금까지 행운이 넘쳤습니다. 두 개의 절대적으로 환상적인 직업을 가졌습니다. 제가 젊었을 때는 소프트웨어를 만들고, 제가 원하는 그리고 모두에게 좋을 개인컴퓨터를 상상하며 밤을 새는 일을 완벽히 즐겼습니다. 하지만 지금은 달라졌습니다. 재단 일에 제 모든 시간을 쏟고 있습니다. 제 이슈들을 설득시키는 작업이 너무 즐겁습니다. 저는 우리 재단이 기부하는 자금이 가장 효용적인 방법으로 쓰이는 지 감시합니다. 저는 이 일을 사랑합니다.'

> ## 자선사업을 재정의하며
>
> '당신이 모든 생명의 가치는 평등하다고 믿는다면,
> 어떤 생명은 구할 가치가 있기도 하고 없기도 하다는 시각이
> 존재한다는 사실에 경악할 것입니다. 우리는 서로 이렇게 말했습니다.
> '이건 사실일 수 없다. 이것이야말로 우리가 하는 기부의 우선순위가 되어야 한다.'
>
> ― 빌 게이츠, 2007년 하버드대학교의 졸업식 축사에서

    자선사업(philanthropy) 이라는 것은 항상 유동적인 개념이지만 자선활동(charity)과는 그 의미가 구분되어야 한다. 이 단어의 어원은 그리스어로, '인류애'를 뜻한다. 하지만 자선사업과 자선활동에는 어떤 차이가 있을까? 자선사업가(philanthropist)는 대개 아주 큰 금액을 다루고, 자선활동으로서의 기부금(charitable donation)은 남는 거스름돈 등보다 금액이 간소한 편이지만 그 규모로만 판단해서는 안 된다. 자선활동은 어떤 문제의 증상을 완화하는 것이고 자선사업은 그 문제의 원인을 해결하는 목적을 가지고 있다고 할 수 있다. 배고픈 이에게 생선을 주는 것과 그 사람이 직접 낚을 수 있도록 장비와 낚시하는 법을 가르쳐 주는 것의 차이이다.

    미국에서는 성공한 사업가들이 사회를 발전시키려는 목적으로 재

산을 환원하는 전통에 대한 오랜 역사가 있다. 그 중 앤드류 카네기의 경우는 아주 특별하다. 게이츠는 존 D 록커펠러를 모델로 삼았다. 록커펠러 (1839~1937)는 석유 사업으로 재산을 축적한 뒤 교육, 의학, 과학 연구 등에 많은 기부를 한 인물이다.

게이츠의 자선사업가로서의 행보를 바꿔놓은 사건은 그가 1993년 당시 약혼녀였던 멜린다와 함께 아프리카 자이르(현재의 콩고)의 초원지대를 방문한 일이다. 물론 게이츠는 지식인으로서 세계의 불평등에 대해 간단히나마 알고 있었다. 하지만 두 눈으로 그 극심한 가난을 목격했을 때 그의 가치관은 근본적으로 바뀌어 버렸다.

수백만 명의 일반 시민이 견디고 있는 고통을 본 멜린다 역시 충격을 받았으며, 그녀는 귀국한 후 친한 친구에게 이렇게 말했다고 한다: '아프리카는 나를 영원히 바꿔놓았어.' 귀국 후 몇 달 간 빌과 멜린다는 몇 가지 주요 이슈들에 대해 심도있게 조사하였다. 미국에서는 아무도 사망하지 않는 병으로 매년 몇 백만 명의 어린이가 죽음에 이른다는 것이 특히 충격적이었다. 1, 2년 후 게이츠의 초점은 더 이상 마이크로소프트의 안녕에만 머물러있지 않았다.

그가 자선사업에 점점 깊게 관여하며 그의 가치관도 성숙해 다. 사업 운영에 있어 많은 것을 직접 통제하는 것처럼 그는 자선사업도 섬세하게 관리하고자 하였다. 그는 자신이 하는 자선사업 방식을 '촉매제가 되는 자선사업'이라고 불렀다. 민간과 공공의 영역 사이에 있는 빈 곳을 채운다는 의미였다.

그가 자신의 과업을 과소평가했다는 말은 아니다. 그는 재단이 해결하고자 하는 문제들을 해결하는 데에 민간, 국가적, 그리고 초국가적 조직의 도움이 열쇠라는 것을 잘 이해하고 있었다. 자본주의 게임의 승리자인 그가 민간 자본의 힘을 매우 신뢰한다는 것이 그리 놀랄 만한 일은 아니다. 그는 이렇게 말했다. '저는 자본주의의 힘이 삶을 나아지게 한다는 것을 진정으로 믿습니다.' 그리고 자본주의의 단점 또한 잘 알고 있었다. 2012년 포브스지에 기고한 글에서 그는 이렇게 썼다:

'민간 영역은 구매력이 있는 사람들의 요구를 충족시키는 일은 환상적으로 잘 해내지만, 그 외의 수십억명의 사람들의 수요는 시장이 해결하지 못하고 있다. 그래서 그들은 없는대로 살아간다.'

같은 기사에서 그는 정부에게 '시장이 해결하지 못하는 부분을 지원하여 안전망을 제공'하는 역할을 주문하였다. 그리고 어떤 문제들은 게이츠의 재단만큼 자본이 풍부할지라도 혼자서 해결하기 힘든 자원량을 필요로 하기도 한다. 수십억 달러의 정부 지원이 절실한 것이었다. 그리고 민간 조직과 정부 모두 투자를 조심스러워하고, 특히 새로운 사업들을 더욱 꺼린다는 것을 깨달았다. 이것이 바로 그가 말하는 빈 곳이었다. '이 넓은 미개척지대에서의 보상은 환상적일 것입니다. 이 공간이 바로 제가 말하는 '촉매제가 되는 자선사업'이 활동할 곳입니다.'

물론 게이츠는 가장 힘든 문제에 도전하기를 서슴치 않았다. 모든 가정이 컴퓨터를 소유하도록 만들겠다고 다짐했던 옛날의 모습처럼 자선사업에 임하는 자세도 마찬가지로 의욕적이었다. 25억명의 인구가 매일 2달러 이하만으로 살아가고 소득이 건강, 수명, 교육받을 기회 등과 직접적인 관계에 놓여있는 세상에서는 해결할 문제가 끊임이 없다. 그와 멜린다는 재단 홈페이지에 이런 글을 올렸다. '워런 버핏은 우리에게 자선사업에 대한 소중한 조언을 해주었습니다. '쉬운 프로젝트만 찾지말고 정말 힘든 문제들에 매달리세요."

게이츠는 실패를 받아들일 준비도 되어 있었다. '우리는 버핏의 조언을 환영할 뿐 아니라 당연히 할 것입니다. 자선사업의 중요한 역할은 정부와 기업들의 손이 미처 닿지 못하지만 해결가능한 문제들에 도전하는 것이라고 생각하기 때문입니다.' 그의 눈에 자선사업가의 역할은 간단하다: 일을 벌리는 것이다. '저한테는 세상에서 가장 좋은 일입니다. 제가 지금까지 해본 모든 일보다 저를 흥분하게 하고 겸손하게 합니다.' 그는 경영에서의 그 활기찬 효율성을 이 시대의 가장 심각한 인류적 문제에 적용시키고자 하였다. 그의 방식은 자선사업의 개념을 영원히 바꿔버렸다.

빌앤멜린다 게이츠 재단

> '우리의 목표는 세계의 가장 가난한 사람들에게 도움을 주고 미국의 교육의 질을 향상시키는 것입니다. 저희 재단 기금의 반은 세계 건강 향상에 쓰여집니다.'
> — 빌 앤 멜린다 게이츠 재단 홈페이지

1994년 게이츠는 가지고 있던 마이크로소프트 주식의 일부를 매도한 자금으로 재단을 설립한 후 아버지의 이름을 따 윌리엄 H. 게이츠 재단이라고 명명하였다. 재단 설립 전부터 게이츠의 아버지는 빌에게 쇄도하는 자금 지원 요청에 관한 연락들을 처리하며 아내를 잃은 슬픔을 달래고 있었다. 재단을 설립하며 이 일을 공식적인 사업으로 만든 것이다. 그리고 2000년, 빌은 그가 하던 다른 자선활동을 통합하여 빌앤멜린다 게이츠 재단으로 정리했다. 2014년 당시 이 재단은 420억 달러의 기금으로 세계에서 가장 재정이 풍부한 자선 기구가 되었다. 그리고 이 재단은 새천년을 맞이하여 자선사업 활동의 새로운 기준을 만들었다.

게이츠 재단 사업의 중심은 바로 모든 생명이 동등한 가치를 지닌다는 굳은 믿음이다. 모든 인류의 동등함에 대한 빌의 신념은 부모님에게서 배운 것이라며 2008년 게이츠는 찰리 로즈 쇼에 나가 아버지가 재단에 미친 영향에 대하여 이렇게 이야기 하였다: '제 아버지는 행동으로 모범을 보이셨습니다. 아버지야말로 재단 사업의 진정한 실무자이기에 저는 항상 아버지를 따라가기 위해 노력합니다.'

재단의 홈페이지에는 이런 문구가 있다. '우리 재단은 모든 인류가 건강하고 생산적인 삶을 살 수 있도록 도움을 주고자 합니다.' 게이츠 재단은 정부, 민간 기업, 비정부 기관 등 여러 파트너와 협약을 맺어 '어려운 문제들: 개발도상국에서의 극도의 가난과 질병, 그리고 미국 교육 체계의 실패'에 대응한다. 재단은 사람들의 삶에 가장 큰 장애가 되는 것들을 해결하는 가장 어려운 프로젝트만을 취사선택한다. 그리고 풀뿌리 자선사업이 하는 활동을 보고 그 의의에 동의하며 기금이 그 프로젝트의 성공에 도움이 될 것으로 판단되면 자금을 지원한다. 암의 경우는 이미 많은 재원이 투입되고 있어 재단의 기금이 발전에 큰 역할을 하지 못하기 때문에 지원하지 않는다.

　게이츠의 평소 신념처럼, 게이츠 재단 역시 문제 해결에 혁신적이고 실험적인 시도를 하는 데 특히 관심이 많다. 예를 들면, '개발도상국의 농부들의 생산량과 소득을 향상시키기 위한 새로운 기술; 치사율이 높은 질병을 예방하고 치료하기 위한 새로운 기술; 교실에서의 학생과 교사들이 쓸 수 있는 새로운 교육 방안' 등에 투자한다.

　재단의 본사는 시애틀에 위치하고 있으며, 워싱턴 DC, 아부자(나이지리아), 아이스 아바바(이디오피아), 베이징(중국), 델리(인도), 요하네스버그(남아프리카공화국), 그리고 런던(영국)에 지부를 두고 있다. 지원금을 주는 주요 사업은 세계 개발 프로그램, 세계 건강 프로그램, 세계 정책과 운동, 그리고 미 합중국 프로그램 등이 있다. 미국 프로그램은 교육에 대한 지원을 하고 그 외의 국제 프로그램들은 기아와 가난, 그리고 질병 퇴치 등의 문제를 완화하기 위한 투자를 한다.

재단에서 매년 지원금으로 나가는 액수는 미국의 한 해 지원금 예산의 약 10분의 1 규모이다. 2006년 게이츠의 친구이자 재단 이사인 워런 버핏은 자신이 소유한 버크셔 해타웨이 주식 중 약 340억 달러에 해당하는 양을 재단에 기부하여 기금을 키웠다. 1200명의 직원을 보유한 게이츠 재단은 설립 이후부터 2014년 9월까지 도합 316억 달러를 지원금의 형태로 지출하였으며, 2013년 한 해에만 36억 달러를 지출하며 세계 100개국이 넘는 나라들에서 프로젝트들을 진행했다. 게이츠의 개인 재산이 큰 타격을 받지 않는 한 재단의 기금은 오래도록 마르지 않을 것이다. 그는 재산의 95%를 재단에 기부하고 자신과 멜린다가 세상을 떠난 후 20년 이내에 기금을 완전히 지출할 것을 목표로 하고 있다.

게이츠는 마이크로소프트에서의 활기찬 자세를 재단 활동에서도 고집한다. 자선사업에 많은 에너지를 쏟아붓는 만큼 정신적인 보상을 많이 받는다고 한다. 그는 2009년 비즈니스위크지에 이렇게 말했다: '제가 마이크로소프트에서 일하는 것을 사랑하게 만들었던 그 마법같은 매력을 자선사업에서 발견하고 있습니다. 새로운 것을 배웁니다. 인재를 모으고 위험을 감수하고 그것에서 무언가 극적인 결과를 기대할 수 있을 것 같은 느낌, 이것이 지금의 일과 그 전의 일의 공통점입니다.' 꼬인 문제에 부딪히고, 논리적인 해결책을 찾아 실행하려 할 때 많은 사람들의 회의론을 극복하는 일은 그가 마이크로소프트 경영에서와 자선사업에서의 공통된 주제이다.

게이츠의 절대적인 영향을 받은 게이츠 재단을 비판하는 사람들도 많다. 재단이 하는 투자는 항상 철저한 감시를 받았고, 투자 대상이 된 회사의 환경 보호 정책이나 경영 이념을 문제삼기도 했다. 게이츠 재단의 지원금을 받은 제약회사가 개발도상국에 낮은 가격에 제품을 공급하려 하지 않는다는 고발도 있었다.

게이츠는 때로 실수도 있을 수 있다고 인정한다. 그와 멜린다는 2009년 재단의 연말 사보에 이렇게 썼다: '자연스러운 피드백 연결 고리가 없다는 것은 우리가 목표 설정을 더욱 신중히 해야 하고 목표를 달성하지 못할 때 스스로 솔직해져야 한다는 것을 의미합니다.' 2011년 발간된 책 '별들과의 독서'(레너드 니펠 작)에서 그는 이렇게 말했다. '아시다시피 자선사업에서는 많은 일들이 그리 성공적으로 끝나지 못합니다.' 그럼에도 불구하고 게이츠 재단은 짧은 사업 기간에 비해 많은 변화를 이끌어냈다. 미국의 공공도서관에 적용할 혁신적인 정책을 만들었고 수십명 혹은 수백만명의 영아 사망률을 낮출 수 있는 국제 백신 프로그램을 만들었다.

게이츠는 IT 세계에 갑자기 나타나 단숨에 선두주자로 올라섰던 것처럼 자선사업 영역에서도 마찬가지였다. 이 영역의 전문가인 마이클 에드워즈는 이렇게 묘사했다. '자선사업 세계는 스스로 존재감을 좀먹는 경우가 많습니다. 모든 일에 너무 비관적이지요. 그러나 게이츠는 좀 더 긍정적인 이야기를 보여줍니다. 그는 다른 자선사업가들의 귀감이 되고 있고, 선두의 자리에 섰습니다.'

창조적 자본주의

'인간은 아무리 이기적이라 해도 그의 본성에는 특정 원칙이 존재하고 있어, 타인의 행운에 관심을 가지고 타인에게 행복을 안겨주고 싶어 한다. 비록 자신은 타인이 기뻐하는 모습을 보는 것 외에는 아무것도 얻지 못한다 해도 말이다.'

— 아담 스미스, 국부론, 1776년

2008년, 빌 게이츠는 스위스 다보스에서 열린 국제경제포럼에서 연설을 했다. 그는 자신의 '창조적 자본주의론'이 그의 재단이 직면한 많은 문제들을 성공적으로 극복할 수 있는 희망이라고 설명했다. 창의적 자본주의의 핵심은 공공, 민간, 그리고 비영리 기구들이 모여 세계의 문제를 극복하려는 노력을 하는 이들에게 보상이 주어지는 체계를 만들자는 것이다. 그는 다보스의 청중들에게 이렇게 말했다: '이기심과 이타심을 합친 힘은 이기심만으로 또는 이타심만으로 행하는 자선행위보다 훨씬 좋은 결과를 이끌어낼 수 있습니다.'

그의 주장은 현대 경제학의 아버지인 아담 스미스의 이론, 특히 국부론에서 아이디어를 얻었다. 게이츠는 이렇게 설명했다:

'시장 기반의 사회 변화에 반대하는 사람도 있을 것입니다. 감성을 이기심과 결부시치면 시장이 확대되기보다는 줄어들 것이라는 주장입니다. 창조적 자본주의는 타인의 복지와 자신의 복지를 결부시켜서 양쪽 모두 발전할 수 있도록 만듭니다.'

이것이 순수한 미국식 자본주의의 표본이자 공공연히 자본주의에 대한 신념을 외치던 빌 게이츠의 입에서 나온 말들이었다. 신디아 크로센의 2000년작 '부자들과 그들이 부자가 된 방법'은 게이츠의 발언을 이렇게 인용하였다: '가장 성공적인 회사도 항상 날이 서 있도록 만드는 자본주의의 효과를 사람들은 과소평가하고 있습니다.' 그렇기 때문에 사회 문제를 해결하기에 금전적 장려책만으로는 부족하다는 그의 말은 깜짝 놀랄 만 한 것이었다. 그는 말했다. '가장 가난한 사람들을 도와주는 사업에 수익을 남기는 것이 항상 가능한 일은 아닙니다.' 그는 시장이 사회변화를 시킬 수 있지만 순수한 수익형이 아니라 바로 현금화할 수 없는 형태의 이득을 얻는 것이 가능해야 한다고 제안했다. '그러한 경우에는 시장 기반의 장려 정책이 하나 더 있어야 합니다. 바로 인식입니다. 자선사업을 한다는 인식은 회사의 명성을 높이고 고객들에게 호감을 줍니다. 그리고 무엇보다도 그 회사에 인재들이 몰려들게 됩니다.'

게이츠의 창조적 자본주의는 지적재산의 영역으로도 넘어가는데, 자본주의적인 이기심과 사회적 선의 구분이 애매모호하여 논란을 일으켜왔다. 과격한 비판론자들은 선진국의 엘리트들이 특허를 보호하고 생명을 구하는 약과 농경기술을 높은 가격에 사용권을 내줌으로써 개발도상국이 성장하지 못하게 막으려는 고도의 음모라고 하였다. 하지만 이것은 피해망상적인 주장일 뿐이다. 오히려 게이츠는 소프트웨어, 제약, 농경 등 어떤 영역에서든 연구와 개발은 많은 돈이 든다는 사실을 인정한다. 그러므로 연구개발에 투자한 만큼 보상을 받는 것이다.

기술이 발전하면서 세계 전체가 혜택을 받았지만 그 변화의 폭과 속도는 모두에게 평등하지 않았다. 게이츠는 이렇게 말했다: '가장 넉넉한 계층이 가장 많은 혜택을 입고 가장 가난한 계층, 특히 하루에 1달러 이하로 살아가는 사람들이 가작 적은 혜택을 입습니다.' 그는 문제를 이렇게 설명하였다:

'질병이 부자인 나라와 가난한 나라에서 동시에 발병하면 결국 가난한 나라에도 낙수효과가 생깁니다. 높은 연구개발비가 부자나라에서 먼저 회수되고 특허가 만료된 후에는 가난한 나라에 공급할 때는 생산비용만 발생하기 때문에 모두가 이득을 얻습니다.'

전통적인 자본주의 사회에서는 모두가 이득을 얻은 후에야 가장 가난한 계층이 이득을 얻는 다는 뜻이다. 게이츠는 창의적 자본주의로 인해 이득의 지연 현상을 해결할 수 있다고 믿는다. 그의 급한 마음은 모두에게 명백해 보였다: '저는 긍정주의자입니다. 하지만 참을성이 없는 긍정주의자입니다.'

당신의 유명세를 적극 활용하라

'사실 이것을 우선순위로 생각했던 것은 아닙니다.'
— 빌 게이츠, 밴드 U2의 멤버 보노가 만나고 싶어한다는 전갈을 받은 후

빌 게이츠는 지금껏 인간적으로 지닌 카리스마로 유명하지는 않았다. 존 레논은 언젠가 링고 스타가 세계에서 가장 훌륭한 드럼주자이냐는 질문을 받자 그는 비틀즈 안에서 가장 훌륭한 드럼주자인 것도 아니라고 답변했다는 일화가 있다. 예전 스티브 잡스의 모습과 비교하면 게이츠가 IT CEO들의 세계에서 가장 카리스마 있다고 할 수는 없을 것이다. 그것이 사실이다 하더라도 게이츠는 항상 자신의 공인으로서의 역할을 자신있게 받아들였다.

잡스처럼 새로운 제품을 출시할 때 온 세상을 기대감에 들뜨게 만드는 재주는 없지만 세상의 가장 어려운 문제들에 대해 말할 때 게이츠는 명료하고 배려하며 감동시킨다. 그는 재단 활동을 위해 자신의 유명한 신분분을 활용하여 넓은 인맥과 세상을 움직이는 권력자들, 이를테면 유엔 등의 도움을 청했다.

게이츠가 평소 자신의 유명세에 대해 얼마나 편하게 느끼는 지는 분명하지 않지만, 그의 목적에 도움이 된다면 그는 활용한다. 그는 유명세는 언론의 관심을 부르고, 언론의 관심은 영향력을 부른다는 것을 알고 있다. 그래서 그는 빈곤 계층과 주목받지 못하는 계층에 대한 관심을 모으기 위해 자신과 지인들의 유명세를 이용해 왔다. 파괴적인 경기 침체로 인해 세계 경제가 어려움에 직면해 있던 2011년에 그는 연말 사보에 이렇게 썼다. '세계에서 가장 빈곤한 계층은 요구사항을 주장하기 위해 중앙 정부까지 찾아가지 못합니다. 그래서 그들의 요구사항이 들리도록 제가 도와주고 싶습니다.'

게이츠의 인생에서 가장 심오하고 영향력 있었던 '공인과의 친분'은 의심의 여지없이 워런 버핏과의 우정일 것이다. 그렇지만 최근 들어 더욱 화려하고 언론의 관심을 끌었던 친분관계는 세계적인 밴드 U2의 메인 보컬, 보노이다. 그는 아프리카에서의 빈곤과 에이즈 퇴치를 비롯한 여러 사회 이슈에 대해 오랫동안 활동했다. 그들의 연합은 2005년 타임지의 '올해의 인물들'에 이름을 올리며(멜린다도 포함되었다) 강력한 파트너쉽을 뽐냈다.

겉으로만 보면 실현성 없어보이는 연합이고 실제로도 그 시작은 조짐이 좋지 않았다. 보노가 먼저 게이츠에게 접근하였다. 그는 폴 앨런과 이미 친분이 있어 게이츠에게 소개를 부탁하였다. 만남이 즉시 성사되지 않자 보노는 앨런이 자신의 부탁을 회피한 것이라고 짐작했다. 사실 앨런은 시도를 했었지만 게이츠는 앨런이 말하는 보노가 U2의 보노가 아니라 가수 셰어의 전남편인 소니 보노라고 생각하여 거절한 것이었다.

하지만 둘은 결국 만나게 되었고 즉시 친분관계가 형성되었다. 게이츠는 첫 만남을 이렇게 회상하였다: '그는 자신이 말하는 것의 의미를 실제로 이해하고 있었고, 일을 추진하기 위한 진지한 책임감을 가지고 있었습니다. 굉장했습니다. 그 후로 우리는 서로 믿음직한 공범이 되었습니다.' 보노는 이렇게 말했다: '게이츠 재단이 없었다면 제가 하려는 일을 실제로 해내지 못했을 것입니다.'

> **하나의 사랑**
>
> 게이츠는 보노가 추진하는 ONE 단체와 RED 운동을 지원했다. ONE은 아프리카 지역을 중심으로 빈곤과 예방가능한 질병의 퇴치를 주창하는 6백만명의 회원수를 자랑하는 국제 단체이다. RED 운동은 유명한 다국적 기업과 협약을 맺어 그들의 수익금 중 일부를 기부하는 프로그램이다. 컨서브, 아르마니, 갭 등의 회사들이 참여했으며 수백만 달러를 모아 에이즈 치료를 위한 지원금으로 기부했다. 세계적인 록스타와 컴퓨터 천재가 이렇게 강력한 팀을 결성할 줄 누가 알았겠는가?

게이츠는 보노가 그전까지 해오던 자선사업의 방법에도 큰 영향을 미쳤다. 보노는 2013년 포브스지와의 인터뷰에서 세계의 문제에 대한 사실과 통계 자료를 조사하는 일에 대하여 이렇게 말하였다:

'그건 제가 빌이 되었다고 생각하고 하는 일입니다. 저는 아일랜드인입니다. 우리는 감성에 강합니다. 감성에 한번 빠지면 헤어나오지 못합니다. 빌에게서 저는 사실 기반의 활동가가 되는 방법을 배웠습니다. 의미없는 것들은 비워내고 무엇이 효과적인지 효과가 없는지 알아내는 것입니다. 저는 '우리 모두 손을 잡으면 세상은 더 발전할거야'라는 식의 히피 문화와 다릅니다. 제가 하는 일은 훨씬 펑크록에 가깝습니다. 저는 숫자 계산을 사실 즐깁니다. 산수는 대단합니다!'

게이츠가 했던 유명인과 자선사업을 결부시키는 실험 중 가장 중요했던 것은 멜린다와 버핏이 함께 참여했던 '기부 맹세' 운동일 것이다. 이 운동은 최상류층, 특히 억만장자들을 대상으로 하는 것이었다. 그 뿌리에는 전 재산의 99 퍼센트를 사회에 환원하겠다는 버핏의 약속과 게이츠의 95 퍼센트 기부 약속이 있다.

이 운동에 참여하는 억만장자들은 재산의 최소 절반 이상을 사회에 환원하겠다는 서약을 맺었다. 법적 구속력이 있는 것은 아니지만 가벼운 마음으로 하기는 힘든 양심적인 약속이었다. 2009년 뉴욕의 록커펠러대학교에서 데이비드 록커펠러가 게이츠 대신 비밀리에 첫 모임을 주최하였으며, 초창기의 유명한 손님들로는 사업가이자 전 뉴욕시장인 마이클 블룸버그, 월스트리트의 금융재벌 조지 소로스와 테드 터너, 그리고 만능 엔터네이너 오프라 윈프리 등이 있었다.

이 캠페인은 2010년에 공개적으로 알려졌고 2015년 1월까지 128명이 서약을 맺은 것으로 알려졌다. 그중에는 페이스북의 창업자로서 불과 23살이란 어린 나이에 억만장자가 된 마크 주커버그도 있다. 게이츠를 게을러보이게 만들어버리는 주커버그는 그들의 비슷한 인생 궤도를 감안하여 자신의 자선사업을 어떻게 해야 할 지 조언을 얻고자 게이츠를 찾아왔다. 게이츠는 기꺼이 조언자가 되기를 자처했고, 이 둘의 연합 역시 앞으로 더 나은 세상을 만드는 데 어떤 특별한 공헌을 세울 지 기대된다.

> ## 자선사업의 목표:
> ## 교육과 평등한 기회 제공
>
> '어떤 임계점을 지나고 나니 돈은 더 이상 저에게 도움이 되지 않습니다. 그 도움은 제가 아니라 조직을 만들어 세상의 빈곤 계층에게 자원을 배분하는 데 쓰여져야 합니다.'
>
> — 빌 게이츠, 데일리 텔레그래프지, 2013년

조지 오웰의 말을 빌려 누군가는 다른 이들보다 더 평등한 세상에서, 세상에서 가장 부유한 사람이 이 지구를 관통하는 자원과 기회의 불평등함에 치를 떨었다는 것은 의미있는 일이다. 그 간극을 메우고자 하는 그의 일념은 2007년 하버드대학교의 졸업식 축사에서 더욱 빛났다:

'인류가 성취한 가장 대단한 발전은 인류가 그간 발견해낸 것들이 아니라 불평등을 줄이는데 그 발견들을 응용하는 데서 나왔습니다. 민주주의, 강한 공공 교육, 질 높은 의료 복지, 보편적인 경제적 기회 등이 불평등을 줄일 때 인류는 가장 큰 성취를 해낸 것입니다.'

이러한 그의 신념은 여러 방면에서 발현한다. 그의 재단은 여러 나라에서 가족 계획에 대한 교육을 향상시키고 제공하기 위해 끊임없이 활동하고 있다. 이것이 기본적인 인권이라고 믿고 있다. 개발도상국에서는 농부들이 생산성을 높이고 그로 인하여 노동에 대한 소득이 높아질 수 있도록 기술과 장비를 제공한다. 그리고 '금융 소속성을 위한 연합(Alliance for Financial Inclusion)'의 든든한 지원군으로서, 금융 서비스에 접근하지 못하는 세계의 많은 사람들을 돕고 있다. 예를 들면 휴대폰 기술을 이용하여 세계의 최빈곤 계층이 의료서비스와 같은 필수적인 지출을 가능하게 하고 전반적으로 자신의 돈을 더 잘 관리할 수 있도록 돕고 있다.

위의 프로그램들은 모두 개발도상국이라는 지역적인 편차로 인해 발생하는 불이익을 덜어주기 위해 설계되었다. 게이츠는 그 중에서도 평등한 세상을 만드는 데 가장 중요한 것은 교육이라고 확신한다. 그는 미국 내에서조차 학생의 재정적 또는 사회적 배경에 관계없이 평등한 교육 기회를 제공받아야 한다고 주장한다. 그는 자신의 하버드 '중퇴'가 마치 교육이 중요하지 않다는 증거인 것처럼 이용되는 현실에 대해 답답함을 토로했다. 1996년 뉴욕타임즈지의 기고글에서 그는 이렇게 썼다:

'젊은이들이 내가 대학교를 졸업하지 않은 것을 보고 자신들도 대학교에 가지 않겠다고 하는 것을 들으면 걱정이 된다. 첫째로, 나는 대학교 졸업장을 받을만큼 대학교에 길게 머무르지는 않았지만 그럼에도 불구하고 이미 높은 수준의 교육을 받은 편이다. 두 번째로, 세상은 매년 더욱 경쟁이 심해지고 세분화되고 복잡해지고 있기 때문

에 한 때 고등학교 졸업이 그랬듯이 이제 대학교 졸업이 매우 중요하다.'

그가 마침내 모교에서 명예 학위를 받았을 때 그는 기억했다: '저는 30년 넘게 이 말을 할 수 있기를 기다렸습니다. '아버지, 제가 언젠가는 돌아와서 학위를 받을 거라고 항상 말씀드렸잖아요.' 다른 기회를 좇기 위해 학교를 떠나기 전에는 열정적인 학생이었다는 사실을 강조하려는 듯 그는 덧붙였다. '저는 제가 등록하지 않은 강의도 여러 번 청강하곤 했습니다.'

그는 교육의 힘과 더불어 그 교육을 받는 젊은 세대의 잠재성을 믿는다. 그래서 그는 다른 뉴욕타임즈 기고글에서 어린이들이 기초적인 교육을 받는 것의 중요성에 대하여 이렇게 썼다:

'저는 아이들이 계산기 없이 종이와 연필만으로 곱하기를 할 수 있도록 배워야 한다고 생각하는 사람들 중의 하나이다. 동시에 컴퓨터가 아이들의 정신적 잠재역을 계발하는 데 도움을 줄 수 있다고 믿어 의심치 않는다.'

1970년대와 1980년대 소프트웨어 산업에 젊은 청년으로서 뛰어들었던 자신의 경험에 따라 그는 어린 나이가 성공을 가로막을 수 없다고 확신했다. '제가 젊었을 때는, 어른들과 알고 지내지 않았습니다.' 그는 2010년 와이어드지에 이렇게 털어놓았다. '마이크로프로세서 혁명을 이루어냈을 때 그 현장에 나이 많은 사람은 아무도 없었습니다. 이 산업이 이렇게 오래된 것을 보면 기분이 이상합니다.' 그가 젊은이들에게 날개를 달아주고자 하는 마음은 그가 1994년 뉴스위크지에서 마이클 메이어에게 한 발언에서도 찾을 수 있다: '젊은 사람들은 배우려 하고 새로 아이디어를 만들어 내려는 의욕이 더 강합니다.'

  게이츠는 20세기 미국의 비교적 풍족한 가정에서 자람으로써 더 많은 기회를 얻었다는 사실을 잊지 않았다. 그는 2009년 콜롬비아대학교에서의 축사에서 이렇게 말했다. '저는 이 나라가 젊은이들에게 기회를 주고 그 위험을 기꺼이 감수함에서 큰 혜택을 받았습니다.' 스스로 성공한 그이지만, 타고난 행운에 빚진 사실을 잊지 않았고 그에게 주어졌던 기회를 다른 사람들에게 확장시켜주려는 마음이 존경스러울 뿐이다.

자선사업의 목표: 질병과의 싸움

'효과적인 치료법이 개발되지 않은 질병은
풀리지 않은 미스테리와 같다.'
― 빌 게이츠, 뉴욕타임즈, 1996년

기회가 주어져 봤자 그것을 붙잡을 건강한 체력이 없다면 아무런 의미가 없다. 그래서 게이츠 재단의 다른 원대한 목효는 질병을 퇴치하는 것이었다. 특히 선진국에서는 발병률이 낮으면서도 개발도상국에서 맹위를 떨치는 질병들을 목표로 삼았다. 그는 2005년 다음과 같은 사명을 내놓았다:

'세계 인구의 건강은 우리가 살면서 항상 노력해야 할 목표입니다. 빈곤층이 견뎌야 하는 짐을 덜어 우리와 그들 사이에 실제로 차이가 없어질 때까지 이것은 우리의 우선순위가 되어야 합니다. 이것이 꼭 일어날 것이라고 장담할 만큼 제가 바보는 아닙니다. 그러나 우리의 목표입니다.'

성공할 확률을 높이기 위해 그는 각국의 정부, 국제기구들, 제약회사들과 관계를 맺어 불공정한 혜택을 얻는다는 비난에도 불구하고 계속해서 그들과 접촉했다. 그리고 그는 재단이 기금을 지출할 때 항상 각 투자에 대한 보상을 미리 계산하여 그의 돈이 가장 큰 효과를 발휘할 수 있는 적재적소를 찾아내었다. 다소 냉철하게 들리지만 사실 게이츠 재단은 성공 가능성이 정말로 있다고 판단될 때에는 다른 자선 기관들과 정부들보다도 훨씬 위험해 보이는 사업에 투자한다. 게이츠 재단의 방식은 다음의 사명에 잘 나타나있다: '우리는 세계에서 사망 원인이 되는 가장 흔한 질병 20개를 추려냈습니다. 그리고 우리가 어떤 행동을 할 때마다 한 인생을 살리는 비용을 따져보고 실제로 어떤 개선 효과가 있는지 확인합니다.'

말라리아는 거의 항상 빈곤국가에서 발생하는 질병이기 때문에 자연스럽게 퇴치해야 할 목표가 되었다. 서유럽에서는 1930년대 말에 이미 제거되었고 미국에서는 1951년에 소멸했다고 판단했지만 2012년에 와서도 270만명이 말라리아에 걸리고 그중 627,000명이 사망했다. 발병 케이스 중 90퍼센트 이상이 아프리카의 사하라 남부 지역에서 발병하며 환자 중 77퍼센트가 5살 이하의 유아이다. 하지만 이 그림이 아주 절망적인 것은 아니다. 말라리아 진단, 치료 및 예방에 대한 투자의 결과로 2000년에서 2012년 사이 발병건수는 25퍼센트 감소했고 사망건은 42퍼센트 감소했다.

이와 같이 잔인하고 파괴적이지만 실효적으로 구제가능한 질병의 퇴치가 게이츠 재단의 주된 목표이다. 재단은 설립 이후 질병 퇴치에 관련된 지원금으로 20억 달러 이상 지출하였고, '에이즈, 결핵, 말라리아 퇴치를 위한 글로벌 펀드'에도 별도로 16억 달러를 기부했다. 에이즈는 재단의 또다른 주요 전투지이다. 에이즈는 선진국에서도 심각한 문제이지만 개발도상국, 특히 아프리카 사하라 남부에서는 불균형적으로 발병율이 높다. 예를 들면 2013년 통계에 따르면 전체 HIV와 에이즈 환자 수는 3천5백만명인데, 이중 2천5백만명이 그 지역에 살고 있다. 그리하여 빌 앤드 멜린다 게이츠 재단은 이 지속되는 싸움에 현재까지 25억 달러를 지원금 형태로 지출했다.

재단은 이렇게 '유명한' 질병에만 국한하지 않고 비교적 주목을 덜 받는 감염병에도 투자하고 있다. 2015년, 이 프로그램은 10억명의 환자를 발생시킨 18가지의 감염병을 채택하였다. 재단은 집단 약 처방, 공공 건강 감시, 그리고 질병을 옮기는 매개체 통제 등의 전술은 이러한 감염병의 발병과 영향을 크게 줄일 수 있을 것으로 믿고 있다.

재단이 퇴치 목표로 삼은 질병 중 하나는 사상충증으로, 서방 언론에서는 거의 접하기 힘들지만 아프리카와 남미 지역에서는 매년 천8백만명의 환자를 발생시킨다. 그 외에는 뎅기열, 일본뇌염, 인유두종 바이러스, 내장레슈마니아증(흑열병), 구충증, 드라쿤쿨루스증 (기니벌레), 림프 필라리아병 (상피병), 그리고 아프리카 수면병 등이 있다.

모든 책상 위에 컴퓨터를 두겠다는 젊은 시절 빌 게이츠의 야심찬 꿈처럼, 중년의 게이츠는 수백만명의 낯선 이들의 생명을 구하겠다는 훨씬 거창하고 이타적인 꿈을 꾸고 있다.

소아마비와의 싸움

'경우에 따라서는 질병을 완전히 퇴치하는 것이 가능할 수도 있습니다. 소아마비가 그런 예입니다.'
― 빌 게이츠, 데일리 텔레그라프, 2011년

게이츠의 최대 업적은 세상에서 소아마비를 완전히 소멸시키는 데 중추적인 역할을 한 일이 될 지도 모른다. 1988년, 소아마비는 약 125개국에서 맹위를 떨치고 있었고 매년 35만 명, 특히 대부분 어린이들이 마비 증세를 보였다. 그 해 시작된 '소아마비 박멸 글로벌 이니셔티브'는 예방 대책을 세워 소아마비의 99퍼센트 감소라는 믿을 수 없는 결과를 이루었다. 2012년에는 세계적으로 발병이 천 건 이하로 떨어졌으며 인도에서는 소아마비가 완전히 박멸되었다는 역사적인 발표를 했다. 많은 사람들이 불가능할 것으로 생각했던 일이었다. 오늘날 이 질병은 단 세 국가에서만 발병률이 높다: 아프가니스탄, 파키스탄, 그리고 나이지리아이다.

이 업적은 과소평가할 일이 아니다. 인간 역사에서 의도적인 개입으로 사람에게 감염되는 질병을 박멸한 일은 딱 한 번 있었다. 1970년대의 천연두가 그것이다. 소아마비를 퇴치하는 데 많은 기관이 역할을 했지만 그 중 가장 중요했던 것은 게이츠 재단이었다. 완전한 박멸이 임박했음을 느낀 게이츠는 2013년 앞으로 6년 안에 목표를 달성하기 위해 20억 달러를 지출할 것이라고 발표했다.

소아마비 박멸은 게이츠의 문제해결 본능을 자극하였지만 성공할 것이라 아직 단정할 수는 없다. 예를 들어 2013년에는 소말리아와, 전쟁 중인 시리아에서 신규 발병이 있었는데, 집단 발병이 일어나면 격리하기 힘들 일이었다. 그리고 파키스탄에서는 정치적인 반대에 부딪혔는데, 몇몇의 이슬람교 집단이 백신 프로그램을 가리켜 원주민을 말살시키려는 서방의 계획이라고 주장하였기 때문이었다.

그럼에도 불구하고 게이츠는 여전히 긍정적으로 내다보고 있다. 2013년 그는 닐 트위디 기자에게 이렇게 말했다: '소아마비는 한 번 박멸하면 더 이상 그 이유로 돈을 지출할 일이 없어지기 때문에 특별합니다. 일생 끝까지 그냥 선물처럼 있는 것이지요. 소아마비 박멸이 중요한 이유는 성공하고 나면 말라리아와 홍역에 투자할 자금이 더 생기기 때문입니다.'

게이츠는 컴퓨터 프로그램 안의 버그를 찾아내는 것으로 그의 이력을 시작하였다. 그런데 소아마비야말로 이제 그의 인생에서 제거해야 할 가장 큰 버그가 될 것으로 보인다.

게이츠와 신

'저는 종교적인 가치에 대한 큰 신념을 가지고 있습니다.'
― 빌 게이츠, 20/20과의 인터뷰 중, 1998년

일반적이지 않은 종교적 신념을 가지고 있으면 많은 괴롭힘을 당하기 쉬운 나라에서 나고 자란 게이츠는 자신의 개인적 종교를 밝히는 것을 주로 꺼려왔다. 이 장 첫머리에서의 인터뷰에서 그는 계속 이어나갔다: '저는 종교를 가지고 자랐습니다. 그리고 우리 부부는 아이들을 종교적으로 양육하려는 마음을 가지고 있습니다. 신에대한 심오한 질문이라면 저는 개인적인 답을 가지고 있지 않습니다.'

게이츠는 어렸을때 시애틀에 있는 조합 교회에 다녔고, 상을 타기 위해서였기는 하지만 그가 산상수훈을 외웠다는 사실도 알려져 있다. 그리고 호텔 방에서 달리 읽을 거리가 없을 때는 비치된 성경을 읽는다고 말한 일이 있다. 하지만 이러한 일화들로 게이츠가 신실한 종교적 믿음을 가지고 있다고 단정하기는 힘들다. 사실 그는 1990년대에 구체적으로 증명되기 힘든 종교의 속성에 대한 의구심이 반영

된 발언들을 했었다. 예를 들어 1997년 그는 타임지에 이렇게 말했다. '시간이라는 자원의 배분에 있어서 종교는 그리 효율적이지 않습니다. 일요일 아침에 제가 할 수 있는 일은 훨씬 더 많습니다.'

그러나 신의 존재 가능성을 완전히 배제하지는 않는 모습도 보여왔다. 타임지와의 인터뷰 중 신의 존재를 믿는지에 대한 질문에 그는 이렇게 답했다. '가능합니다. 이 세계가 온전히 나를 위해 존재하고 있는지 아닌지 확신할 수 없기 때문입니다. 만약에 그렇다면 저에게는 아주 다행인 일이라고 인정해야 할 것 같습니다.' 2년 전 그는 데이비드 프로스트에게 이렇게 말했었다: '일을 할 때 저는 왜 이런 일이 일어나고 어떻게 일어나는 지 등 과학적인 방식을 쓰려고 합니다. 신이 존재하는지는 모르겠지만 종교적인 교리들 자체는 꽤 타당하다고 생각합니다.' 그리고 같은 해 그는 래리 킹과의 인터뷰에서 과학과 종교의 겹치는 면에 대하여 말했다: '저는 종교적이지 않지만 제가 인간의 마음에 대해 가지는 놀라움은 무감각한 분석보다 종교적인 황홀경에 더 가깝습니다.'

그리고 카톨릭 신도였던 멜린다의 영향도 있었다. 그녀는 개발도상국에서 가족 계획을 주장했다는 이유로 바티칸과 대척하면서도 카톨릭 신도의 길을 버리지 않았다. 한편 게이츠는 2013년 닐 트위디와 진행한 인터뷰에서 소아마비 백신 프로그램을 운영하는 현장 실무진들의 안전에 대해 협상하기 위하여 파키스탄 정부 공무원들과 만나야 할 필요성을 언급하며 그 실무진들을 '신의 일을 수행하는 여성들'이라고 칭했다.

  2014년 롤링스톤 잡지와 다양한 주제로 인터뷰를 진행했을 때 그는 종교적인 색채를 보이는 것을 계속해서 꺼렸다. 그렇다고 그의 인생에서 신의 존재를 완전히 부정하지도 않았다. 예를 들어 세계의 불평등에 반대하는 싸움에 대하여 그는 그것이 도덕적인 십자군이자 종교적인 믿음과 닮아있다고 말했다. 그리고 이렇게 말했다. '종교의 도덕적 체계는 아주 중요하다고 생각합니다. 우리는 자식들을 종교적으로 양육했습니다.' 그리고 신을 믿는지 직접적으로 질문을 받았을 때 그는 이렇게 말했다:

  '저는 인류가 탄생 설화를 필요로 한다는 리처드 도킨스 류의 주장에 동의합니다. 이제는 종교가 설명해주던 많은 부분을 과학이 설명해 주고 있습니다. 그러나 세상의 불가사의와 아름다움은 압도적으로 놀랍고 그것이 어떻게 생겼는 지는 과학적으로 설명할 수 없습니다. 신을 믿는 것은 이해하지만 종교로 인해 인생에 어떤 결정을 다르게 내릴 수 있는 지는 모르겠습니다.'

  게이츠는 인생의 황혼기에 접어들면서 그가 이 세상을 떠났을 때 누가 그를 반겨줄 지에 대해 더욱 확신이 없었을 것이다. 하지만 종교적인 믿음이 이 세상을 힘들게 살아가는 사람들에게 유용한 도덕적인 체계를 제공한다는 점에는 충분히 동의하는 것으로 보인다.

게이츠의 발자취

'족적이라는 것은 바보같은 일입니다.
저는 족적을 원하지 않습니다.'

― 빌 게이츠, 데일리 메일, 2011년

게이츠가 줄곧 그가 어떻게 기억될 지에 대해 신경쓰지 않는다고 말하는 것은 겸손때문일 것이다. 그는 1995년 워싱턴포스트지에 이렇게 말했다: '저는 제가 어떻게 인식되고자 하는 데 대한 구체적인 목표가 없습니다. 저는 사람들이 저에 대해 어떻게 생각했으면 좋겠다고 어디에 적어둔 적이 없습니다.'

같은 주제에 대해 끈질기게 물어보면 그는 자학적인 유머로 돌린다. 2008년 CNN에서는 이렇게 말했다: '역사가 저를 어떻게 기억할 지 누가 알겠습니까? 어쩌면 워런 버핏과 브리지 게임을 했던 사람이라고 기억할 지도 모르지요. 어쩌면 아예 기억하지 않을지도 모릅니다.' 이 장의 첫머리에 쓰인 캐롤라인 그레엄 기자와의 인터뷰에서 그의 인용구는 이렇게 계속된다: '우리 재단이 한 투자의 결과로 영아사망건수가 연간 9백만 명에서 4백만 명으로 떨어진다면 그야말로 놀라울 겁니다.' 게이츠는 나이가 들수록 지속적인 개인적 유명세보다 세상을 그가 있을 때보다 떠날 때 더 낫게 만드는 일에 관심있어 하는 것으로 보인다. 사실 그는 두가지 일을 동시에 하고 있다.

마이크로소프트에서 게이츠의 이력은 의심할 여지없이 세상의 찬사와 물질적인 성공에 기인한 것이지만 그는 다른 사람들의 시선에 과도하게 신경쓰지는 않았다. 그도 그럴것이, 게이츠는 지난날의 성공을 곱씹을 시간적 여유가 없었고 그 자신이 인습타파주의자였기 때문이다. 그리고 그는 이미 오랜 세월을 공인으로 살아왔기 때문에 누군가의 입맛에 맞게 인생을 살아가는 방식에 회의적이었다. 그는 1999년 뉴스위크지에 이렇게 말했다:

'누군가가 성장세에 있으면 사람들은 그 인과관계를 이해하기 위해 단순한 설명을 마음대로 만들어냅니다. 그렇게 신화가 만들어지는 것입니다. 사람들은 작은 일화라도 알고싶어합니다. 맞습니다. 저는 세고 에너지가 넘치는 사람입니다. 저는 우리의 시장 위치를 이해하고 싶어합니다. 그런데 이것으로 제가 '극단적인 경쟁주의자'인 것으로 판단합니다. 다소 비인간적인 처사입니다. 저는 저에 대한 글을 보고 '나는 저런 사람을 모르는데.'라고 생각합니다.'

게이츠는 매 순간 혼신의 힘을 다하면서도 항상 그 다음 단계에 대한 계획을 꾸미고 있는 보기 힘든 유형의 인물이다. 자신이 세상을 떠나면 사람들이 어떻게 평가할 지에 대해 젖어있다 보면 현재에 최선을 다하는 데에서 정신을 뺏길 뿐이다. 게이츠는 그의 목표를 이루기 위해 추진적이고 집중하며 이따금씩 무자비하게 살아왔지만 한편으로는 삶의 환희와 긍정주의를 타고난 축복받은 인물이다. 자신의 저서 '미래로 가는 길'에 그는 이렇게 썼다: '살아있는 것이 행복한 시대이다. 예전에는 불가능했던 것들을 할 기회가 너무나 많아졌다.'

같은 주제로 2년 후인 1997년 뉴욕타임즈 칼럼에 그는 이렇게 썼다: '공상과학에서는 언젠가 수백명의 사람들이 거대한 우주선을 타고 몇 세대에 걸쳐 다른 행성으로 여행하는 장면이 나온다. 실제로 그렇게 될 지도 모르지만 나는 우주선에 타지 않을 것이다! 나는 여기에 남을 것이다. 우리에겐 호수가 있다. 강이 있다. 산이 있다. 지구는 몇 광년 너머에 있는 어떤 곳보다도 아름다운 곳이다.'

우리가 세상을 떠났을 때 세상이 어떻게 기억하는 지에 대한 문제는 누구도(빌 게이츠 마저도) 통제할 수 없는 일이기 때문에 그가 족적을 남기는 데 큰 신경을 쓰지 않는 다는 사실은 다행스럽다. 하지만 그가 그의 인생 후반기를 지내고 나면 역사는 그를 긍정적으로 평가할 가능성이 크다. 그는 상업으로 거부가 되어 자선사업가로서 제 2의 인생을 펼친 단 한 사람이고 100년 넘는 시간동안 누구도 게이츠만큼 위풍당당하게 하지 못했다. 그에 대한 대중의 존경심은 유고브 사가 더타임즈 신문을 위해 2015년 초에 한 설문조사에서 그 증거를 찾을 수 있다. 13개국에 걸쳐 14,000명의 사람들에게 자신이 가장 존경하는 사람을 지명하는 설문이었다. 게이츠는 전체 표의 10.1 퍼센트를 얻어 1위에 오르고 9.3 퍼센트를 얻은 버락 오바마가 뒤를 이었다. 그 외에는 아무도 4퍼센트 이상의 표를 얻지 못했다.

  윈도우가 설치된 컴퓨터로 마이크로소프트의 워드 프로그램을 이용하여 이 마지막 문장들을 입력하는 지금, 게이츠의 제품이 우리들의 일상에 영향력을 미치지 못했던 시절을 떠올리기가 어렵다. 그가 기부한 수십억 달러가 세계의 가장 빈곤한 수백만명의 사람들의 삶의 질을 향상시킨다는 것은 잘 산 인생을 간증한다. 이것이야말로 충분한 족적이다.

선별된 참고 문헌

Crossen, Cynthia, The Rich and How They Got That Way: How the Wealthiest People of All Time – From

Genghis Khan to Bill Gates – Made Their Fortunes, Crown Business (2000)

Erickson, Jim and Wallace, James, Hard Drive: Bill Gates and the Making of the Microsoft Empire, John Wiley & Sons (1992)

Gates, Bill, Business @ the Speed of Thought: Succeeding in the Digital Economy, Penguin (1999)

Gates, Bill, The Road Ahead, Viking (1995)

www.gatesfoundation.org

www.gatesnotes.com

Ichbiah, Daniel and Knepper, Susan L., Making of Microsoft: How Bill Gates and His Team Created the World's Most Successful Software Company, Prima Publishing (1991)

Kinsley, Michael, Creative Capitalism, Simon & Schuster (2008)

Lammers, Susan (Ed.), Programmers at Work, Microsoft Press (1986)

Levy, Steven, Hackers: Heroes of the Computer, O'Reilly Media (2010)

Lowe, Janet, Bill Gates Speaks: Insight from the World's Greatest Entrepreneur, John Wiley & Sons (1998)

Manes, Stephen, Gates: How Microsoft's Mogul Reinvented an Industry – And Made Himself the Richest Man in America, Doubleday (1993)

Rogak, Lisa (Ed.), Impatient Optimist: Bill Gates in His Own Words, Hardie Grant Books (2012)

Slater, Robert, Microsoft Rebooted: How Bill Gates and Steve Ballmer Reinvented Their Company, Portfolio (2004)

Stross, Randall E., The Microsoft Way: The Real Story of How the Company Outsmarts its Competition, Sphere (1998)

Zachary, G. Pascal, Showstopper!: The Breakneck Race to Create Windows NT and the Next Generation at Microsoft, Simon & Schuster (1994)